KAWADE
夢文庫

王宮で起きた あまりに淫らで 残酷すぎる話

夢プロジェクト[編]

河出書房新社

この世で一番淫らな世界 あなたも覗いてみませんか

●まえがき

歴史上の権力者たちは、快楽のため、また子孫繁栄《しそんはんえい》のため、数多くの美女を集めた特別な場所をつくった。そこでは、選ばれた絶世の美女たちによる、官能的かつ幻想的な物語がくり広げられている。

想像してほしい。あられもない姿の美女たちが、あなたひとりのために存在している世界を。この世のすべての男の願いが、そこには現実として広がっている。

トルコのハーレム、中国の後宮《こうきゅう》、日本の大奥。そこは、愛欲に溺《おぼ》れた権力者と、権力者に見初《みそ》められようとする女たちの欲望が渦《うず》巻く、淫《みだ》らで乱れた世界なのだ。

だが、そこで奏《かな》でられる官能的な物語も、ときには想像も絶するほどおぞましい姿に変貌《へんぼう》する。権力の座を争って、暗殺や残酷ないじめなど、身の毛もよだつ事件が起こるからだ。古代ローマ帝国では、暴君ネロの生母アグリッピナが、息子を皇帝の座につけて権力を握るため、夫を殺し、実の息子を母子相姦《そうかん》で手なずけている。

本書では、欲望と嫉妬《しっと》が渦巻く王宮でくり広げられる、美女・悪女・痴女《ちじょ》たちと権力者やそれを取り巻く人々の、淫靡《いんび》で残酷な物語を紹介する。現実離れした世界を、あなたも味わっていただきたい。

夢プロジェクト

王宮で起きたあまりに淫らで残酷すぎる話／もくじ

1 ただれた愛欲と狂乱の宴

性の快楽をむさぼりつくした王侯貴族たち――

2 残忍きわまりない処刑と謀殺

歴史の闇に葬られた権力者たちの暴挙——

3 嫉妬うず巻く毒婦の争い

王の寵愛を得るためには手段を選ばず――

4 歴史に名を刻む稀代の悪女

その冷血非道ぶりは国家をも揺さぶった——

5 支配者のおぞましき痴態や醜態

あまりに理解しがたい性倒錯の世界——

6 血で血を洗う権力闘争

背すじも凍る凄惨な暗殺の応酬——

カバーイラスト＊Erich Lessing /PPS
本文イラスト＊杉本一文
＊久保田晃司
協力＊ロム・インターナショナル

1 ただれた愛欲と狂乱の宴

性の快楽をむさぼりつくした王侯貴族たち――

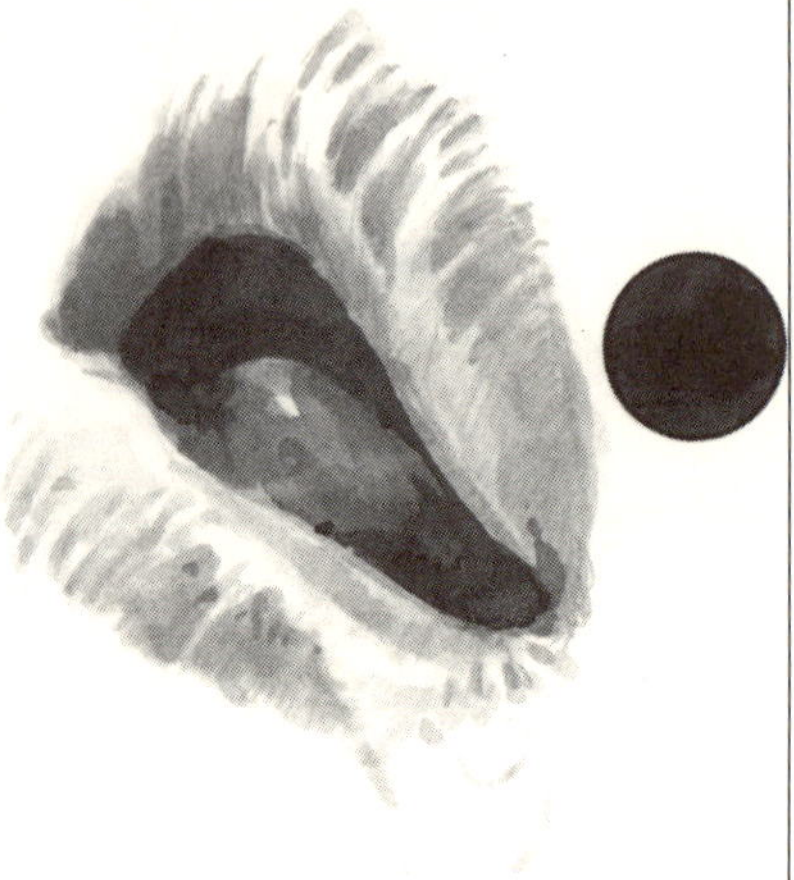

地下トンネルを掘ってまで不倫に励んだ王女と大臣がいた！

北インドのカプールタラ藩王国のマハラジャ、ニハール・シンはまったく政治に興味がなく、名目上の首長にすぎなかった。ニハールに代わり、カプールタラ藩王国の実権を掌握《しょうあく》していたのは、総理大臣のグーラム・ギラニで、まるで独裁者のような絶大な権力を手にしていた。

ギラニは、名門の出で、背が高くハンサム。そのたたずまいは洗練されており、多くの美女を自らのハーレムに侍《はべ》らせていたが、そのギラニが目をつけたのが、ニハールの王女ゴビンド・カウールだったのである。王女には貴族の夫がいたが、無骨《ぶこつ》で醜男《ぶおとこ》の夫を嫌い、結婚しても自分は夫の屋敷には住まず、宮殿で暮らしていた。また、身持ちの悪い彼女は、頻繁に美青年を宮殿に招き、ベッドを共にするなど、奔放《ほんぽう》な生活を送っていた。

あるとき偶然王女の美貌《びぼう》を目にしたギラニは、王女にひと目惚《ぼ》れし、なんとかして王女に会おうとさまざまな手を尽《つ》くす。

とはいえ、宮殿に住んでいる王女にたやすく会えるわけではない。そこでギラニが考え出したのが、地下トンネルを掘り、秘密の通路をつくることだった。

幸い、王女が暮らす宮殿の一角と、ギラニの執務室とはそれほど距離がなく、この密会計画は成功する。王女の美しさの虜《とりこ》になったギラニは、ひまを見つけては、地下トンネルを通り、王女の部屋へと忍《しの》んでいったのである。

ギラニと王女の仲は深まるばかりだった。そのうちに、ギラニの行動はエスカレートし、執務中にもかかわらず王女の部屋へ忍んでいくようになってしまったのである。

当時の政治は、総理大臣であるギラニに対して、各大臣がそれぞれの案件を奏上して、指示を仰《あお》ぐというスタイルだった。

読み上げた案件に対して、総理大臣が言葉を発すれば、その案件は採用され、黙っていれば、却下された

のである。

また、総理大臣と各大臣のあいだにはカーテンが引かれていたため、大臣たちからギラニの姿を見ることはできなかった。

そこで、ギラニは、王女を抱きたくなると、そっと抜け出して王女の部屋へ行き、十分に満たされると、また何食わぬ顔で執務室に戻ってきた。その間も、大臣たちの奏上は続いたが、皆、ギラニが沈黙しているだけだと思っていた。当然、大臣たちが奏上した案件のほとんどは拒否されることとなる。

あるときなどは、ギラニは王女をともなって、カーテンの陰に座った。そこで、存分に王女の体をまさぐりながら、執務を行なったのである。

さらに、ギラニは馬車で私邸に向かう道中、王女をともなうこともあった。先に王女をこっそり馬車に乗せておき、後から自分が乗り込んで、私邸までの時間をふたりで思いのままに過ごすのである。それでも足りない場合は、現地に着いてからさらにベッドで愛し合うこともあった。

ところが、このような大胆な密会は、やがて皆の知るところとなる。あまりにいい加減な政治を行なっていたギラニは逮捕されて国外追放となり、王女は幽閉《ゆうへい》されてしまったのであった。

エカテリーナ二世の寵愛をうけるために ポチョムキンが行なったエロすぎる努力とは

一八世紀のロシアの女帝、エカテリーナ二世は、夫で皇帝のピョートル三世をクーデターで追い落とし、実権を握った女性である。政治的手腕は高く、彼女によって、ロシアはおおいに繁栄した。

「英雄、色を好む」ではないが、この女帝は優れた君主であるとともに、色欲も並の女性の比ではなかった。愛人の数は、二〇人はくだらなかったという。

エカテリーナ二世がこのような男好きとなったのは、夫のピョートル三世の影響があるともいわれている。世継を期待する周囲の思いに反して、ピョートル三世は妻に興味を示さず、もっぱら兵隊ごっこがお気に入りの子どものような夫だったからだ。

夫に相手にされない欲求不満から、女帝は不倫に走るようになり、権力者となってからは、貪欲《どんよく》なまでに始終、若い愛人にベッドの相手をさせたのである。しかも、若い男性なら誰でもいいというのではなく、男性の好みがうるさい女帝のおめがねにかなう精鋭ばかりが集められた。

女帝が、このように自分好みの若者を多数集められたのは、じつは、ある愛人システムがあったからである。そのシステムを統括していたのが、女帝の愛人だったポチョムキンだ。ポチョムキンは、長らく女帝の寵愛をほしいままにしていたが、さすがに年をとってくると、タフな女帝の欲求に応《こた》えられなくなってきた。

「このままでは女帝に捨てられてしまい、自分は重臣の座を追われてしまう」――焦《あせ》ったポチョムキンが保身のために考え出したのが、女帝の新しい愛人を自らの手で探し出すという策だった。

日本の大奥などでも、将軍の寵愛をつなぎとめておくために、妻自らが若い娘を連れてきて、夫に紹介するといったことが行なわれていたようだが、それのいわゆる男性版である。

元愛人だけに、ポチョムキンは女帝の男性の好みを知りつくしていた。もちろんベッドでは、どのような愛撫《あいぶ》が女帝を悦《よろこ》ばせるか、どのようなセックスがお好みかといった性癖まで熟知していたのである。

そこで、ポチョムキンは、まず外見や性格、教養などの総合的な観点から、これはと思う若者を選んだ。第一段階にパスすると、医師による身体検査が念入りに行なわれた。それに合格すると、今度は実地試験である。

この段階では、まだ女帝の前に出すわけにはいかないから、女帝の侍女が代わりに相手をした。そうして、侍女を満足させてはじめて、若者は女帝の前へと連れ出されるのである。もちろん女帝がその若者に食指が動かなければ、不合格となる。

これほど吟味《ぎんみ》して選んだにもかかわらず、女帝をメロメロにできる若者はあまり多くはなかったという。

もっとも、このような献身が女帝に認められたために、ほかの愛人がつぎつぎと切り捨てられていくなか、ポチョムキンは着実に出世をしていくことができたのだった。

早熟すぎたマルゴ王妃が一一歳にして経験したハレンチ行為の数々

一六世紀のフランス王家の姫で、アンリ四世の最初の妻だったマルグリット・ド・ヴァロワは、「王妃マルゴ」と呼ばれた。マルゴの母は、王妃カトリーヌ・ド・メディシス、父はアンリ二世である。

じつは、本名のマルグリットは「真珠」「ひな菊」といった意味だが、マルゴとなると、「尻軽女」という意味があるという。彼女が本名ではなくマルゴと呼ばれるようになったのには、次のようなわけがある。

六一歳の生涯で、マルゴには二十数人もの愛人がいた。女性らしい肉感的な体つきに、輝くような金髪、透きとおるような白い肌をしており、マルゴはたちまち男性たちを虜にしてしまった。

そのうえ、母親のカトリーヌが心配して性欲抑制剤を無理に飲ませていたというマルゴ自身の逸話《いつわ》があるほどの淫乱《いんらん》な女性だったため、スキャンダルには事欠かなかったのである。

マルゴには、性に関するタブーはいっさいなかったようだ。マルゴは早熟な少女で、一一歳にして愛人をもっていた。しかも、ひとりではとうてい満足できず、愛人ふたりを同時に相手し、複数プレイを楽しんでいたのである。

また、庭の茂《しげ》みといった開放的な場所でのセックスもお気に入りだったという。わずか一一歳にして彼女の性は乱れに乱れていた。

さらにマルゴは近親相姦《きんしんそうかん》もいとわなかった。マルゴの相手となったのは、アンリとシャルルのふたりの兄と、弟のフランソワだった。一説によるとマルゴが一四～一五歳のときだったという。

のちに、マルゴのあまりにも節操のない男性遍歴《へんれき》を、兄のシャルルが咎《とが》めると、マルゴは平然として「私に、馬乗り遊びの楽しさを教えてくださったのは、お兄さまよ」と切り返したという。「馬乗り遊び」とは、いわゆるセックスのことである。

母のカトリーヌは、奔放な娘をスペイン国境に近い辺境の国・ナヴァルの領主でのちのアンリ四世に嫁《とつ》がせるが、いくら男好きのマルゴとはいえ、男前でなく、辺鄙《へんぴ》な土地の領主だった夫のことは気に入らず、すぐに愛人をつくっては、快楽に溺《おぼ》れる毎日を送った。

のちに王位を継いだアンリ四世から離婚を求められると、財産の保証や借金の解消を条件に喜んで応じたのだった。

こうして、シングルになったマルゴだったが、色恋沙汰《ざた》のほうは相変わらずだったという。

新しい愛人は十代の美少年だったが、マルゴのほうがすぐに熱が冷めて、また別の男性を新しい愛人とした。ところが、元愛人の少年が嫉妬《しっと》のあまり、新しい愛人を射殺。激怒したマルゴは、元愛人の少年を死刑にさせた。

このように、恋と情事に彩《いろど》られた波乱の日々を歩んだマルゴの人生にも終わりが訪れる。一六一五年、ヴィラールという歌手を最後の愛人としたマルゴは、病に倒れ六一年の生涯に幕を閉じたのだった。

平安時代の後宮では、天皇の初体験の相手役も乳母の仕事だった?!

平安時代、天皇の婚姻は若年で行なわれることが多かった。天皇は一一歳ころには元服《げんぷく》させられ妃《きさき》をめとり、妃も一二～一三歳、あるいは一〇歳未満で入内《じゅだい》する場合もあった。

これは、天皇の外戚として権力をもつため、少しでも早く娘を入内させ、世継《よつぎ》をもうけさせようという貴族たちの思惑が働いたからだ。しかしながら、天皇が性の目覚めも知識もない年ごろでは、世継を授《さず》かるはずもない。そこで、性教育をほどこし、天皇に性の快感を教える役目をになったのが乳母《うば》だった。

絵や人形で性知識を教えることもさることながら、ときには乳母が養君の性器を刺激してやり、性の目覚めをうながしたのだ。そして機が訪れたら初体験の相手になり、自らの体をもって手ほどきしたのである。

成熟した女から初めて性の手ほどきを受け、女を知ってしまった少年は、夢中になるものである。突然、性に目覚めた天皇が乳母をことのほか寵愛《ちょうあい》してしまうこともよくあった。天皇にとって、陰謀うず巻く朝廷で、もっとも信頼できる者といえば、幼いころから自分につかえてくれる乳母だった。そのような信頼関係を土台として、やがて恋愛に発展し、天皇の子供を懐妊《かいにん》してしまう乳母も多かったのである。

たとえば、高倉《たかくら》天皇の乳母は功子内親王《こうしないしんのう》を産み、花山《かざん》天皇の乳母は清仁《きよひと》親王を、白河《しらかわ》天皇の乳母は覚行法親王《かくぎょうほっしんのう》を産んでいる。

養母であり、初体験の相手でもある乳母は、天皇にとっては特別な存在となったため、やがて後宮で絶大な権力をもつようになっていった。天皇の妃選びにおいても、乳母の意見が尊重されるほどだった。

また、乳母の夫からすれば、相手が天皇とはいえ妻がほかの男と寝るのだから、不義ともいえる。ところが、夫はこれを歓迎し、家族も骨身を削《けず》って天皇に仕えた。なぜなら妻が天皇に寵愛されればされるほど、自分の出世が見えてくるからだ。そのうえ子供たちは、天皇の乳兄弟とされ、側近として重用された。

このように乳母が天皇に対して大きな影響力をもつようになると、乳母に賄賂《わいろ》を贈り、自分の出世の口添《ぞ》えを頼む者も多かった。なかには、自分の妻と別れて、乳母と結婚することで、出世した者もいる。

藤原通憲《ふじわらのみちのり》（信西《しんぜい》）は、妻と離婚し、後白河《ごしらかわ》天皇の乳母である朝子と再婚した。その結果、乳母の夫として鳥羽《とば》・後白河上皇の院政で手腕を振るった。また、源《みなもとの》通親《みちちか》も連れ添《そ》った妻と別れ、後鳥羽天皇の乳母である範子と結婚した。しかも、範子の連れ子の在子を後鳥羽天皇のもとに入内させ、土御門《つちみかど》親王《しんのう》を産ませた。それを後ろ盾《だて》に、内大臣にまで出世したのだ。まさに色と欲がからみ合った歴史といえる。

大奥で発覚した前代未聞のスキャンダル！女たちの欲求不満が招いた「延命院事件」

一八〇三（享和三）年、江戸時代の日本で、延命院《えんめいいん》事件は起こった。事件の真相は、当時延命院の住職だった日道《にちどう》が、参拝に訪れる女性と淫《みだ》らな行為に耽《ふけ》り、手練手管《てれんてくだ》をつかって女性を虜にして、法外なお布施《ふせ》を取っていたというものだ。

つまり、寺が女郎屋ならぬ、〝男郎屋〟になっていたのである。日道の床上手《とこじょうず》は女性たちの間で評判になり、多くの女性がひっきりなしに訪れるようになったため、日道は知り合いの役者を集めて、相手をさせるほどだった。

日道に入れあげた女性は、五九人にものぼった。一七歳のうら若き乙女から六〇歳の超熟女までいたという。日道は、事件が発覚すると、すぐに斬罪《ざんざい》になった。

この延命院事件が衝撃的だったのは、寺が男郎屋と化していたという事実もさることながら、日道にまどわされた女性の多くが、大奥の女性たちだったことだ。

華やかなイメージがある大奥だが、将軍のお手つきになれるのはほんのひと握りだけで、多くの女性たちは、およそ男性とは無縁の生活を強いられていた。

しかも、実家に帰るのさえなかなか許されず、男子禁制の共同生活を長く続けなくてはならなかった。大奥の女性たちは男性を目にする機会がほとんどなかったのである。上級の奥女中ともなれば、生涯、大奥に出仕しなくてはならない。欲望のままに男性と熱い夜を過ごすということもなく、年齢を重ねなくてはならなかった。

そんな女性たちが、唯一おおっぴらに外出を許されていたのが、寺社への参拝だ

った。延命院は、安全祈願の寺として、大奥や諸大名の奥方たちに人気の寺だったが、さらに人気を高めたのが、美男の日道の存在だった。日道は、僧になる前は役者だっただけに、顔の造作の美しさだけでなく、ろうろうとよく響く声の持ち主でもあった。日道の感情のこもった説教を聞いて、涙する女性が多かったという。

そんな男前の僧が、「あなたには特別室で、ゆっくりと話して聞かせよう」とそっとささやくのである。寺には、ふたりっきりになれる隠し部屋があり、そこで女性たちは、日道の手により、経験したことがない快楽の味をたっぷり体に覚え込まされたのだ。

一度、快楽の味を知ってしまった女性たちは、もはや欲望には抗《あらが》えなかった。またすぐに延命院に行きたくなってしまう。そのようにして、大奥女性の延命院通いがエスカレートしていったのである。その度を越した参拝数と、これまた数えきれぬほどの女性が皆、延命院へ参拝に出かけるようになったため、やがて不審に思った寺社奉行・脇坂安董《わきさかやすただ》によって真相が暴《あば》かれた。

けれども、あまりにも多くの大奥の女性たちが関与していたため、大奥の名に傷がつくとして、部屋子の女性がひとり処罰されただけで、ほかの女性たちは表向きに処罰されることはなかったのである。

「酒池肉林」の言葉を生んだ〝肉欲の宴〟の実態とは

並はずれて豪勢な宴会を「酒池肉林《しゅちにくりん》」と形容するが、これは中国古代の王朝・殷《いん》の逸話にもとづいている。

殷は、かつては伝説の王朝とされていたが、河南《かなん》省安陽《あんよう》市の西北にある殷墟の発見により、実在が確認された。宮殿の跡や王墓《おうぼ》が発見され、殷の王が絶大な権力をもっていたことがわかったのだ。

このような背景から、「酒池肉林」の語源となった殷の紂王《ちゆうおう》の振るまいも、まんざらウソではないともいえる。

『史記』の記述によれば、紂王は圧倒的な権力をもっていたため、それを好き放題に乱用した。苦しむ民などおかまいなしに高い税金を搾《しぼ》り取っては、それを自分の贅沢《ぜいたく》のためにつかったのである。お決まりのように、多くの美女が集められて、美女たちは美しく飾られた。沙丘《さきゆう》という名の離宮《りきゆう》が整備され、そこにはたくさんの美女だけでなく、珍《めずら》しい動物なども集められた。

圧巻だったのは、沙丘の木と池である。池に満たされているのは水ではなく酒で、木の小枝には、すべて干した肉がかけられた。「酒池肉林」の文字どおり、酒の池と肉の林が存在したのである。当時、干し肉は、もっともおいしい御馳走《ごちそう》とされていた。そんな最高級の料理が、林のようにあふれていたのである。

さらに、沙丘には多くの男女が集められたが、彼らは皆、なにも身につけていなかった。男は後宮の裸身の美女を見て興奮し、すぐに理性をなくして好みの女性を追いかけ始める。

「キャー」という悲鳴とも嬌声《きょうせい》ともいえる声をあげながら、女性たちが逃げると、その姿に、男性たちはますます情欲をそそられた。紂王は鬼ごっこと称したが、それはいわゆる乱交にほかならない。

女性をつかまえると、男性はその場で欲望のままに抱くのである。あちこちで、あられもない男女の交わりが繰り広げられた。一対一の場合もあれば、複数の男女が入り乱れることもあった。その光景を見下ろして楽しんでいた紂王は、やがて自分の欲望が抑えきれなくなると、もっともお気に入りの愛人・妲己《だっき》の体を思いのままにするのだった。

狂乱の宴《うたげ》ははてしなく続いた。男女の交わりに疲れ、腹がすくと、木の枝にかけられた干し肉で腹を満たした。のどが渇《かわ》いたら、池の酒をあびるほど飲めばいい。

そうしてまた、疲れが回復すると、お気に入りの相手を見つけて、淫らな遊びにふけるのだった。

宋の時代に流行した纏足《てんそく》は数々の性の秘術を生んだ!

昔の中国、とくに宋の時代に大流行したのが、纏足《てんそく》だった。これは、女の子の足を布で縛って人工的に足が大きくならないようにしたもの。もともとは、南唐(九三七〜九七五年)の三代皇帝・李煜(後主)が、宮嬪《きゅうひん》に命じて足を縛り、舞わせたのが始まりといわれ、理想の足のサイズは九〜一二センチくらいまでとされた。

このように足が極端に小さいにもかかわらず、体は成熟する。そのため、うまく体を支えられず、ひとりでは歩くのもままならなかった。たとえ歩けたとしても、ヨチヨチとしたたどたどしい足取りになった。これが男性の性欲を刺激したのである。

小さな足といえば、かわいらしいようにも思うが、纏足には激痛がともなった。しかも、一瞬の痛みではない。無理やり成長を止めるために、親指以外の指を折り曲げて何年もキツく足を縛りあげるのだから、その痛みは昼も夜も一日中続いた。

ひどいときは、わざと足の指を骨折させて折り曲げる場合もあった。そして、眠れないほどの痛みにもかかわらず、幼い女の子たちは、日中は歩かされるのである。

これは、このような過酷な運動をさせることで、足の肉を化膿《かのう》させ、その部分を切り取って、さらに足を小さくするために行なわれた。

どんなに泣き叫んでも誰も助けてはくれなかった。なぜならば、纏足を強要していたのは、ほかならぬ女の子の親だったからである。

当時、大きな足の女性は男性に嫌われ、結婚できなかった。そのため、身分の高い女性ほど、纏足は厳格に行なわれたのである。

纏足が男性に大人気だったのは、性技のためにほかならなかった。当時の中国の男性は皆、足フェチ、しかも小さな足に異常な執着を見せたのである。

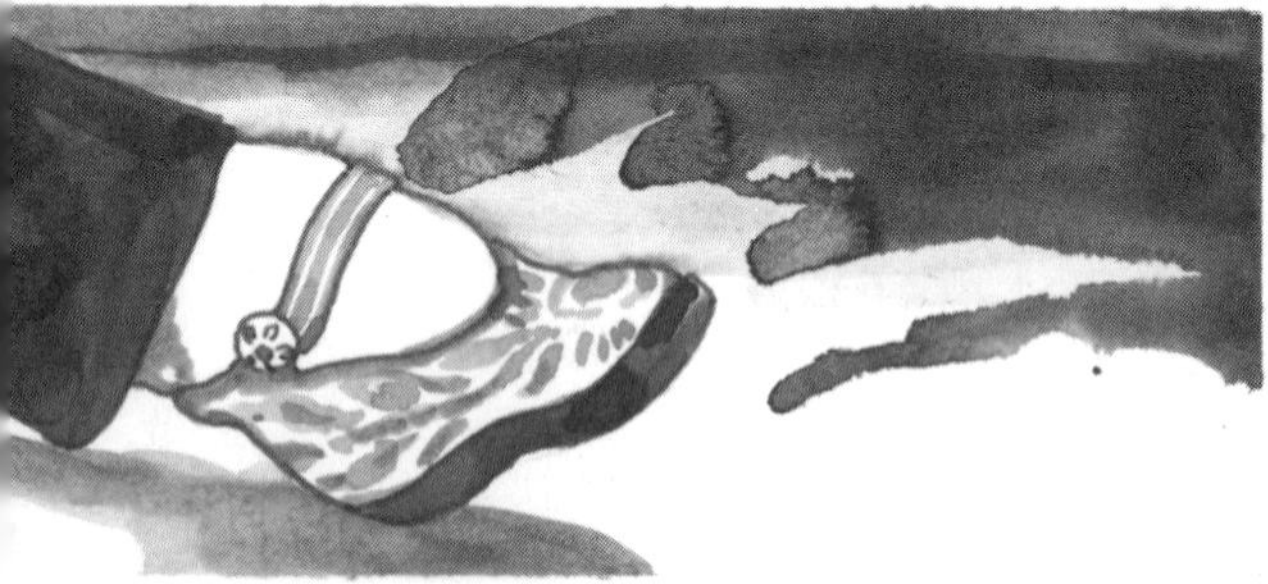

纏足は、手のひらに乗せられるほどの小さなものだった。大人の女性の纏足を手のひらに乗せたり、軽くさすったりつまんだりして弄《もてあそ》ぶのが、欲情を高めたのである。

纏足は通常、布で巻かれている。その布を寝屋で、少しずつはずしていく。まるで、愛人の着物の帯を解くようなドキドキ感が味わえたのだ。

また、纏足には必ずハチミツや香料を塗《ぬ》るという手入れが入念に行なわれていたため、その香りはえもいわれぬものだった。纏足の香りをかぐだけで興奮する男性も多かった。

そして、もっとも男性を興奮させたのは、纏足の女性の反応だった。じつは、人工的につくりあげられた纏足は、いつも布でくるまれているせいか、ほんのささいなことにも敏感に反応した。ちょっと触っただけでも、それが恐ろしいほどの快感になり、女性はなま

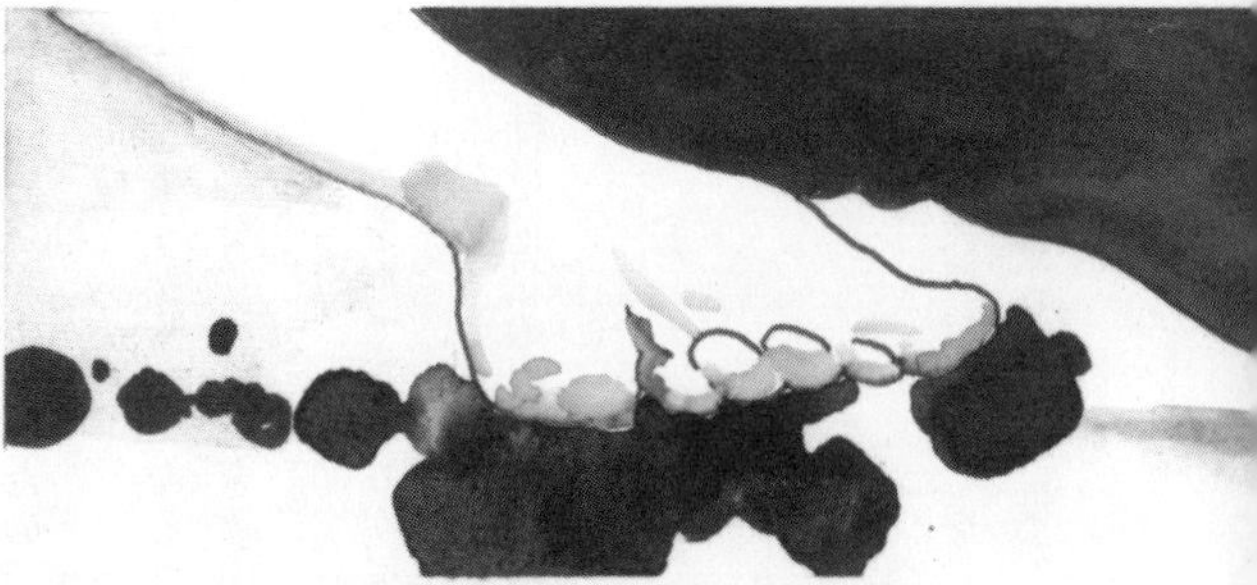

めかしい反応を示した。纏足は第二の性感帯といわれるほど、感度がよかったのである。

さらに、纏足の女性が立つと、いつもつま先で立つのと同じような具合になるため、内股《うちまた》の筋肉や性器周辺の筋肉が発達して性器のしまりがよくなり、男性を夢中にさせる名器の持ち主が多かったという。

そして、小さくやわらかな纏足で、男性のペニスを包んでそれを撫《な》でさすり、男性をあっという間に感じさせてしまうというテクニックもあった。

このようなさまざまな官能的な楽しみ方があったため、男性は纏足の女性に固執《こしつ》したのである。

男子禁制の大奥で行なわれた大胆すぎる性欲処理法って？

大奥といえば〝女の園《その》〟だが、気になるのは、奥女中たちの性生活である。将軍の目に留まるのはほんのひと握りの女性だけ。しかも二四時間、大奥で生活しなければならず外に出られない。まるで尼僧《にそう》のような生活である。健康な若い女性が、そんな生活に我慢できたのだろうか？

じつは、大奥は将軍以外の男性はまったく入れないというのは表向きで、ぬけ穴があったようだ。奥女中のように上級の女中ともなると、基本的に実家へ帰る宿下《やどさ》がりができないため、肉親の法事の日には、自分の部屋に尼僧を呼んで読経してもらえる。きちんと届け出さえすれば、尼僧を泊めることもできた。ときにはこのような尼僧に少年が化けてくる場合もあったという。

また、女性たちの衣装を入れる長持《ながもち》のなかに隠れて大奥に出入りする男性もいた。長持はそのまま部屋に入れられるから、誰もいなくなったところで、そっとふたをあけて男性が出てくるわけだ。この方法なら、誰にも知られることなく逢瀬《おうせ》ができた。

実際、徳川八代将軍・吉宗《よしむね》は、大奥改革を断行したとき、「長持が一〇貫目（約三七・五キロ）より重い場合は、中身を確認すること」といった規約をつくっている。このような規約をつくった背景には、長持に身を潜《ひそ》めて大奥に出入りする男性が多かったからだと考えられる。

男性ではなく、女性が奥女中たちの相手をする場合もあった。奥女中たちの娯楽として、歌舞伎《かぶき》や狂言の鑑賞が許されていたが、それはおもに大奥に役者を招いて演じさせていた。とはいえ、歌舞伎役者は男性なので大奥には入れない。

そこで、女性の狂言師が呼ばれるのだが、そのなかに奥女中たちの床の相手をする役目の女性もいた。同性愛の性技を尽くして、大奥の女性たちの欲求を満たしたのである。なかには習得するのにかなりの時間を要するテクニックもあったという。

そのほか、二二ページで紹介したように、寺社参りと称して外出し、寺で僧侶を相手に楽しんだり、あるいは、寺社参りの帰りに、お忍びで芝居見物や呉服商に寄り、そこで宴席をもうけて、ついでに役者や店側が集めた若者などと戯《たわむ》れたりすることもあった。

もっと直接的手段としては、張《は》り形《がた》をつかって自身で慰《なぐさ》める、あるいは同じ境遇の者同士で快楽を追求したりした。男子禁制のため、いつしか性の欲求を同性同士で満たすことが横行したのである。

こうしてみると、大奥の女性は、全員が尼僧のように禁欲的な生活を送っていたとはいえないかもしれない。

この子の本当の父親は誰?!平安時代の後宮のふしだらすぎる実態

日本の後宮では、天皇や中宮の密通の噂は日常茶飯事で、結婚前の女性の処女性についても重要視されていなかった。とはいえ、衝撃的だったのは、平安時代後期の崇徳《すとく》天皇の誕生だった。崇徳天皇は、鳥羽《とば》天皇と権中納言《ごんちゅうなごん》藤原公実《きんざね》の娘・璋子《しょうし》との第一皇子とされている。

ここで、〝されている〟と紹介したのは、じつは崇徳天皇は、鳥羽天皇の子ではないという噂がまことしやかにささやかれていたからである。

そもそも権中納言の娘の璋子が、鳥羽天皇の妃になれたのは、白河《しらかわ》法皇の養女となっていたからだ。璋子はひじょうに美しい少女で、寒い日は、その足を白河法皇の懐《ふところ》にさし入れて育てられたほど、寵愛されていた。

年ごろになると、白河法皇は、璋子を内大臣の藤原忠実《ただざね》の息子・忠通《ただみち》に嫁がせようとした。しかし、すでに璋子には、白河法皇や法皇の寵臣藤原宗通の息子の季通《すえみち》と恋仲になっているという噂が絶えなかったため、忠実がどうしても首を縦にふらなかったのだという。

結局、白河法皇は、孫の鳥羽天皇の後宮に璋子を入れる。そのため、鳥羽天皇にしても、祖父の白河法皇から無理に押しつけられた妻という思いがあり、璋子が白河法皇の子を身籠っていた可能性があるため、璋子が産んだ第一皇子顕仁《あきひと》親王を、「叔父子」と呼んで嫌った。名目上は自分の子どもだが、実際は祖父の白河法皇の子どもだから、自分にとっては叔父さんに当たると暗に意味しているのである。

とはいえ、白河法皇が生きていて、絶大な権力を握っているうちは、鳥羽天皇は面と向かって対立することはなかった。璋子は美しいけれど、白河法皇に甘やかされて育てられたため、わがままだった。それでも、白河法皇は、終生、璋子を大事にしたので、鳥羽天皇としても璋子を粗末《そまつ》に扱うことはできなかった。

やがて、顕仁親王が五歳になると、白河法皇の命により、鳥羽天皇は、顕仁皇子に天皇の位を譲《ゆず》り、ここに崇徳天皇が誕生する。そして崇徳天皇の生母として、璋子が後見役となった。鳥羽天皇は上皇となったが、院政の実権は、白河法皇が握っていたために、実質的にはなんの権力ももてなかった。

だが、崇徳天皇が一〇歳のとき、白河法皇が崩御《ほうぎょ》すると、鳥羽上皇が実権を握り、院政をはじめた。そうして、鳥羽上皇の寵愛する藤原長実《ながざね》の娘・得子《とくし》に皇子が生まれると、その子に天皇の位を譲るようにと、崇徳天皇に圧力をかけ始めるのである。

結局、得子の息子である体仁《なりひと》親王が三歳のときに、近衛《このえ》天皇となり、崇徳天皇はその座を追われる形になった。こうした対立が、やがて一一五六（保元元）年の保元の乱へとつながっていく。後宮のドロドロした男女間の愛憎が、やがては政治の実権争いにまで拡大していったというわけである。

プロにかかれば昇天確実！ロシア後宮で流行った「足裏くすぐり」って？

思わぬところが性感帯になることがあるが、じつは足の裏もそのひとつ。ちょっと足の裏をこちょこちょと触られると、我慢できないほどくすぐったかったという経験をおもちの方もいるだろう。

このくすぐったさは、それだけ敏感に感じるということの裏返しでもある。ツボを心得た人の手にかかれば、くすぐったさではなく、なんともいえぬほどの快感に変わってしまう。

この足裏の性技をことのほかお気に召したのが、ロシアの女帝たちだった。ピョートル大帝の死後、一八世紀前半に女帝となったエカテリーナ一世や、その次女でクーデターにより女帝の座を射止めたエリザベータなどがそうである。足裏をくすぐるためだけの女官まで雇《やと》っていたほどのはまりようだ。

そのテクニックは残念ながら、詳《くわ》しく伝わっていないが、鳥の羽根で足の裏をくすぐることに始まり、やさしく揉《も》んだり、なめたり、口に含んだりしたようだ。

もちろんムードを盛り上げるのも忘れなかった。性的に興奮するような淫らな話をしたり、いやらしい言葉をささやいたり、ゾクッとするようなエッチな歌を歌ったりして、さらに官能を刺激したのである。

もともと足の裏の性技は、主に前戯《ぜんぎ》として取り入れられていた。セックスの快感が増すように、感度を高めるために用いられたのである。

その歴史は古く、なんと紀元前一五〇〇年ごろのエジプトに君臨したハトシェプスト女王は、愛人と会う前に、女官や宦官《かんがん》たちに足の裏をくすぐらせてから本番のセックスに臨《のぞ》んだという。

ところが、ロシアの女帝たちは、その程度では満足しなかった。さらにテクニックを磨《みが》かせ、前戯のレベルを飛び越えて、オルガスムスを得られるほどのテクニシャンを養成したのだ。一度この性技を味わうと、たちまち虜になったようで、専門の技術者を後宮に常駐《じょうちゅう》させるようになったというわけである。

もしかして歴代のロシア女帝たちが性欲旺盛で、「淫乱」と揶揄《やゆ》されるほどだったのは、この足裏の性技によって、官能をことさらに開発されたためかもしれない。

中国の天子は、一晩に九人もの女性とセックスしてたって?!

古代中国の周の時代には、後宮に入れる女性の数は厳格に決められていた。なるほど、一夫多妻制とはいえ上限があったのだと感心している場合ではない。その数とは一二一人にものぼったからだ。

しかも、王妃一人は別格としても、夫人は三人、次の位の嬪《ひん》が九人、その次が世《せい》婦《ふ》で二七人、最下位が女御《にょうご》で八一人となっていた。しかしこれはあくまでも、ある程度の地位があたえられた女性たちである。もっと身分が低く、一晩限りの相手ならば、このような地位をあたえる必要もないから、実際にはさらに多くの女性を相手にすることも可能だった。

しかしながら周の時代は、なにごともきまりをもうけるのがならわしだったようで、じつは、後宮の女性の数だけでなく、その地位によって天子とのセックスの回数まで限定されていた。

それによると、一五日間を周期として、王妃は一日、三夫人で一日という具合になっていた。この計算でいくと、王妃と過ごすのはひと月に二日だけになる。世継を産んでもらわなくてはならないことを考えるとかなり少ない。

また三夫人で一日の場合だが、日中は王としての政務があるので実質は一晩ということである。つまり、一晩で三人の寝所を回るか、三人まとめて同時にお相手をすることになる。

もっとすごいのは、嬪九人で一日、世婦二七人で三日、女御八一人で九日である。単純計算すると、一日に九人を相手にしなければならないことになる。はたして、こんなことは可能だったのだろうか。それが一五日周期で、ずっと連続でやってくるわけで、一日たりとも休息の日はないことになっている。もっとも、ほんとうにこのように行なわれていたかどうかを確かめてみるすべはない。

さて、周王朝が衰退し、春秋時代に入ると、なんと一度に一二人の女性を娶《めと》るという風習ができた。これは、一年が一二か月であることにちなんだものである。

その後、漢王朝になると、後宮の女性たちの数は桁《けた》がひとつ違い、武帝《ぶてい》のときには数千人の妃嬪《ひひん》たちが集められるようになっていた。そのためせっかく後宮に上がったものの、一度しか天子と交わる機会はなく、その後は忘れ去られるといったことが数多く起こった。

もっとひどいのは、一度もそのような機会に恵まれないという場合である。実際、あまりにもひどい扱いだとして自殺してしまった女性もいた。

さらに隋《ずい》の煬帝《ようだい》のころになると、民間からも宮女を選んだため、漢の時代を大きく上回り、その数は少なくとも四、五〇〇〇人、多く見積もって五万人ともいわれている。もはや一生かかっても相手にできない数である。いくらスケールの大きい国、中国とはいえ、ここまでくるとやりすぎの感は否《いな》めない。

皇帝の今宵のお相手を一万人の美女から選ぶ驚きの方法

男にとって夜のお相手をしてくれる女性が大勢いるのはうれしいものだが、それにも程度がある。各国の王や皇帝などは後宮に大勢の女性を控《ひか》えさせており、秩序を守るためには自分で毎晩指名しなければならなかった。幼いころから慣れているとはいえ、「もう今夜は誰でもいいよ。選ぶのが面倒だ」といいたいときだってあったに違いない。

そこで中国歴代の皇帝たちは、さまざまな指名方法を生み出していた。八世紀の唐《とう》の皇帝玄宗《げんそう》の場合は、酒宴《しゅえん》の席に出席している女性たちの頭髪に梅や桃の花を挿させ、蝶《ちょう》を放ってとまった花を挿している女性とその夜を共にしたのである。花のない季節はスゴロクで勝負を決めたという。ときには金を賭《か》けてスゴロクをし、一番勝った女性と夜を共にしたこともあるという。

一六〜一七世紀の明の万暦帝《ばんれきてい》の場合は、ホタルを飛ばして、ホタルがとまった妃を指名したり、詩の題をあたえて作詩させ、句合わせに合った女性を指名したりした。

さかのぼること紀元前二世紀ごろの漢の武帝の場合は、直接指名制だ。とはいえ、直接女性を見て決めるのではなく、女性が後宮に入るたびに宮廷画家に肖像画を描かせ、皇帝はそれを毎日見て、今夜は誰にしようか決めたといわれている。

その後三国志の時代を経て三世紀に成立した西晋《せいしん》の武帝（司馬炎《しばえん》）にいたっては、呉《ご》の国を滅ぼした際に、その後宮の女性数千人をすべて引き取ったものだから、なんと後宮に一万人もの女性を抱《かか》えることになり、一体どんな女性がいるのかもわからない状況になってしまっていた。

そのような状況であるのに、好色な司馬炎は、毎年八月になると各地に役人を派遣して、容姿端麗《たんれい》な年若い女性を連れてこさせていたから、人数は増える一方だった。そこで、司馬炎がとった方法が、羊に車を引かせ、羊が勝手に進んでいった先の女性と夜を過ごすというものである。

当然、女性たちは、なんとか羊に来てもらおうと躍《やっ》起《き》になり、自分の部屋の入り口に羊の好物の竹の葉や塩水を置いて、餌《えさ》で羊を引きつけようとしたという。

一万人といえば、毎晩一人ずつ回ったとしても、最初に戻るのは三〇年に一度程度。なかには一度も羊に来てもらえず、一生皇帝の顔すら見ないまま過ぎた女性も少なくなかったことだろう。

ちなみに、女性には月に一度、たとえ指名されたとしても、皇帝のお相手をつとめられない時期があるが、

皇帝に直接口でいうのははばかられた。そこで、彼女たちは、左手に銀の指輪をはめ、頬《ほお》を紅色に染《そ》めることで、「いまはダメな時期よ」とサインを送っていたという。

インドのセックス指南書カーマ・スートラが伝える〝雀のたわむれ〟ってどんな技？

約一六〇〇年以上も前のインドの学者ヴァーツヤーヤナによって書かれた、俗にセックス指南書ともいわれているのが『カーマ・スートラ』である。

当時のインドの人々にとっては、知識や財産、友人を示す「アルタ（実利）」、美徳を示す「ダルマ（法）」とともに重用視されたのが「カーマ（性愛）」だった。そこで、宮廷に出入りする者や貿易によって財をなした人々を対象に、より豊かなカーマを得られるための手法を記したのが『カーマ・スートラ』である。

『カーマ・スートラ』は、いくつかの性愛に関するテーマに沿《そ》って記されている。そのテーマとは、ずばりセックスについてのものから、処女との交わり方、妻との接し方、遊女との楽しみ方のほか、人妻との交渉法や秘法といった、なにやらあやしいものまである。

セックスにおける男性のテクニックについても具体的に記されている。「嵌入《かんにゅう》」というのは、いわゆる性器が結合した状態のこと。「摩擦《まさつ》または攪拌《かくはん》」となると、ペニスを挿入した状態で、円形を描くように回転させること。ただピストン運動をするだけではなく、このように女性器をくまなく刺激するのである。

「貫通《かんつう》」という技は、女性器の奥深くまでしっかりと挿入することをいう。しかし、ただ押し込むだけでは完璧とはいえない。その方法として、女性器を下げて、その上のほうへペニスを差し込むといったような注釈が添《そ》えられているから、その手法は上級編といえるかもしれない。

「圧迫《あっぱく》」という技もある。これは、性器を結合させたまま、さらにひしと抱き合って、その結合度をさらに深めるものだったようである。

そのほか「猪《いのしし》の一撃」「牡牛《おうし》の一撃」と名づけられたテクニックもある。猪も牡牛もパワフルなものだから、かなり激しい技だっただろうことは想像できるが、残念ながら具体的にどういうものだったかはわかっていない。しかし、これらのテクニックで、女性が大きな快感を得られたであろうことは想像に難《かた》くない。

「雀《すずめ》のたわむれ」という、かわいらしい名のついた性技は、セックスの余韻《よいん》を楽しむものだ。といっても、後戯のことではない。射精した後、すぐに体を離すのではなく、ペニスを女性器に挿入したまま、何度も上下に動かすのである。射精前のように屹立《きつりつ》しているわけではないので、強い刺激をあたえるわけではないが、やわらかくなったペニスでのやさしい刺激は、それはそれで女性をうっとりさせるというわけである。

それにしても、『カーマ・スートラ』の性技を実践するとなると、男性にとってはなかなか大変そうである。それもそのはずで、この『カーマ・スートラ』の実践者は、自分が働かなくても豊かな暮らしを享受《きょうじゅ》できた特権階級の人々だった。そのため、〝カーマ〟を追求するだけの時間と体力と経済力があったのである。

儀式という名目でマハラジャが楽しんだ乱交パーティーの凄まじすぎる一部始終

インドのパティアラ藩王国のマハラジャの後宮には、約三〇〇人の美女が集められており、美女を育てるための一大システムまであった。そのシステムとは、次のような仕組みになっていた。

山岳地方やほかの地域の美少女がまず集められ、後宮に仕えるためのさまざまな教育がなされる。やがて美少女たちが成長して一二～一六歳ぐらいになると、マハラジャに奉仕する。このようにして、次から次へと美女たちはマハラジャの元へ送られたのである。

とはいうものの、いくらマハラジャが精力絶倫《ぜつりん》といえども、美女すべてを相手にするのは、さすがに不可能だった。そこで、パティアラ藩王国のマハラジャであるサー・ブピンダー・シン・バハドゥールは、あることを思いついたのである。それは、乱交パーティーの開催だった。しかし、一国の当主であるマハラジャが大々的に乱交パーティーを開くのは、さすがに世間の手前、さしさわりがあった。そこでバハドゥールは、一計を案じたのだった。

その計画とは、宗教儀式という名のもとに乱交パーティーを開くことにしたのである。中世のインドで広まった宗教にタントラ教があった。これは、性の高揚《こうよう》を通して宇宙の真理を探るというものだったが、バハドゥールは、このタントラ教の教義を利用した。

バハドゥールは、お気に入りの家臣たちや友人たちを入念に選び出し、タントラ教へ入信することをすすめた。そうして、一週間に二回、集会を開く。信者は約三〇〇〜四〇〇人ぐらいに厳選して、一度の集会の定員はその半分ぐらいに抑えた。もちろんそのうちの半分以上はマハラジャの後宮の女性である。

集会では、司祭が儀式を執《と》り行ない、信仰する女神に祈りや歌が捧《ささ》げられ、信者たちには酒が振るまわれた。この酒はひじょうに強いもので、どんな酒豪《しゅごう》でも、やがては酔ってしまった。あびるほど酒を飲まされ、しだいに理性が薄れてきたころに、後宮の少女たちが女神像の下に集められ、そこで素裸にされた。処女の初々しい裸身に、周りの男性たちの目は釘《くぎ》づけだ。

そして、司祭の命令が下ると、信者たちは、儀式という名のもとに、その少女たちとセックスをする。かわるがわる多くの少女と交わる者もいた。これはセックスではなく儀式とされたから、相手が親類や肉親であろうとも関係なかった。欲望のままに少女たちの体をもてあそび、快感を得れば得るほどよいとされたのである。

しかし、この儀式にはひとつだけタブーがあった。それは少女たちを妊娠させることである。だから男性は、どんなに高まっても体内に精液を放出してはならなかった。

それでも我慢できずに放出する場合は、女神像の下に置かれた器《うつわ》に出した。あまり想像したくないが、なんとそこにためられた精液は、神聖な飲み物として信者たちが飲み干さなくてはならなかった。このような乱交が、バハドゥール主催のタントラ教の集会として行なわれていたのである。

古代エジプトやローマ帝国では近親相姦が当たり前だった?!

現代社会において、近親婚はタブーとされているが、古代エジプトや神聖ローマ帝国では、近親婚が尊《とうと》ばれた。なぜなら、王や皇帝は、現人神《あらひとがみ》とされていたからだ。神話によると、神々は、なんの違和感もなく親子や兄弟間で結婚した。むしろ神でありながら、神ではない人間と結婚して交わるほうがおかしいとされていた。

そのため、神々の私生活にならい、王や皇帝も、親族間で結婚するのが理想的だとされたのだ。親族間で婚姻《こんいん》を行なえば、純血が保たれるというメリットもあった。

当時の王族や皇族は、一般人とは違う絶対的な存在だったため、たとえ名門の貴族であろうとも、王家の娘から見ると、自分よりも身分の低い者となる。そんな相手に嫁ぐことはあまり歓迎されなかったのである。

また、つねに一族同士で婚姻を行なえば、同族の者が極端に増えるのを防げるといった現実的な利点もあった。同族間の人数が一定ならば、蓄《たくわ》えた財産や領土とした土地が分散することもなく、いつも大きな権力を手中にしていられたのである。

こうした理由から、古代エジプトの後宮では近親婚が当たり前だった。アメンホテプ三世の妻ティイは、王族出身ではなかったため、アメンホテプ三世は、民に「私の妻は王族ではないが、正式な妻である」とわざわざ告知しなければならなかったほど、王族以外の者との結婚は異例だったのである。

もっとも、ティイが産んだ子どもたちは、兄弟間で結婚しているから、アメンホテプ三世自身は、近親婚反対論者だったわけではなく、なにかの事情で王族以外から妻のティイを迎えることになっただけのようだ。

さて、神聖ローマ帝国でも近親婚が実施されたが、近親婚を繰り返すと、心身に弊害《へいがい》が出てくる。その有名な例とされるのが、スペイン王室のドン・カルロス王子だ。

名門ハプスブルグ家の王子だが、ひじょうに残忍な性格だったという。動物を傷つけたり、体を引き裂《さ》いたりするのが大好きで、さらには焼き殺して、その苦しむ様を見て楽しんだ。また、街で美しい娘を見つけると、場所もかまわず襲いかかったりもしていた。城に帰ってからは、誰かに狙《ねら》われていると思い込み、寝室はまるで要塞《ようさい》のように仕掛けを張りめぐらせて、見えざる敵の来襲にそなえていた。

このように、常軌《じょうき》を逸《いっ》した行動が目についたため、父のフェリペ二世は、王子をエスコリアル宮殿に幽閉した。王子は、そこで二三年の生涯を閉じたのだった。

秘密の花園に大潜入！①

一〇〇〇人の女奴隷がひしめくトルコのハーレムの掟とは

イスラム社会では一夫多妻制が用いられているが、その最たるものがハーレムである。最盛期のハーレムは一〇〇〇人、あるいは二〇〇〇〇人規模だったというが、その女性のすべてが、スルタンのお相手をしたわけではなかった。スルタンの目に留《と》まった者だけが、その栄誉《えいよ》に浴《よく》したのである。

まだ少女のころにハーレムに連れてこられた女性の大半は、スルタン（君主）への献上品として捧げられた者だった。

少女は、皇后やカドゥン（側室）と呼ばれる夫人たちの部屋へ使用人として、配属される。そして、とくに美しい者や音楽や舞踊などの特技がある〝選ばれた者〟だけが、夫人たちの身の回りの世話をし、そうでない者は、力仕事を要する下働きの係となる。

さて、スルタンの夫人たちは、通常、スルタンに指名を受けた場合スルタンの自室まで向かい、そこで夜をともにするが、スルタンの気分次第では、スルタンが自ら夫人の部屋を訪れることもあった。

そんなとき夫人は、自分の部屋の女性たちを踊らせたり、御馳走《ごちそう》を用意して、せいいっぱいのもてなしをする。もしそのとき、スルタンの目に留まれば、夫人の世話係から一気にお気に入りの愛人となり、さらにスルタンの寵愛《ちょうあい》を受ければ、独立して自分専用の部屋と使用人たちをあたえられ、途端《とたん》にその部屋の女主人になれたのだ。

このように、スルタンの寵愛を受けて専用の部屋や使用人をもつ身分を夫人というが、同じ夫人でも、子どもを産んだ者とそうでない者では大きな格差があった。

さらに同じ子どもでも、男女で差があり、次のスルタンになる男の子を産んだ者は、ワーリデ・スルタン（皇太后）となる。皇太后は特別な存在であり、ハーレムの最高権力者になるのだ。

しかし、スルタンとの間に息子をもうけても、万一、その息子が次のスルタンになれなかった場合は、悲惨《ひさん》な運命が待ちうけていた。

スルタンの兄弟は、すべて処刑されたり、幽閉《ゆうへい》されたりしたからだ。そのため、自分の子を次期スルタンにするための陰湿《いんしつ》な策謀《さくぼう》や、異母兄弟の暗殺などは日常茶飯事だったという。

世界の後宮と比べた日本の後宮の特徴って？

世界の後宮と比べて、日本の後宮にはどのような特徴があるのだろうか。

次期天皇となる皇太子を産めば、生母として後宮での地位が確立されたことは世界共通である。そのため、後宮の女性たちは、天皇の寵愛を争い、なんとか皇太子を産もうとした。

また、娘が皇太子を産めば、その一

族が出世する構造も同じである。もっとも、世界の後宮と比べ、日本独自の特徴もあった。それは後宮入りする女性の身分である。

中国やローマ帝国、トルコなどの後宮では、女性の出自はあまり問題にされず、美しければ、身分に関係なく皇帝やスルタンへの献上品として捧げられることも多かった。

日本では、身分の低い者が後宮に上がることはほとんどなかった。

実家の格というものが問題にされたため、後宮で身分が低い家の者とされた女性でさえ、それなりの家柄だった。

そのためか、日本の後宮はハーレムというよりは、一夫多妻制度のようだった。つまり、一夜限りの相手が多数いるのではなく、皇后をはじめとした幾人かの妃《きさき》で構成されているのだ。そのため、一度入内《じゅだい》すれば、それなりの生活が保障されていたといっていい。

また、日本の後宮には宦官《かんがん》が存在しない。そのうえ、他国の後宮とは違い、男子禁制のルールが厳格にされず、かなりおおらかだった。

そのほか、とくに平安時代に隆盛を迎えたように、後宮がサロンのような役割を果たし、文化的な雰囲気《ふんいき》が濃密だったことも特徴といえる。

加えて、いわゆる〝傾国《けいこく》の美女〟のように、政治的な影響を駆使《くし》して国を破滅《はめつ》に追いやるような毒婦があらわれなかったことも、日本の後宮ならではの特徴といっていい。

2

残忍きわまりない処刑と謀殺

歴史の闇に葬られた権力者たちの暴挙――

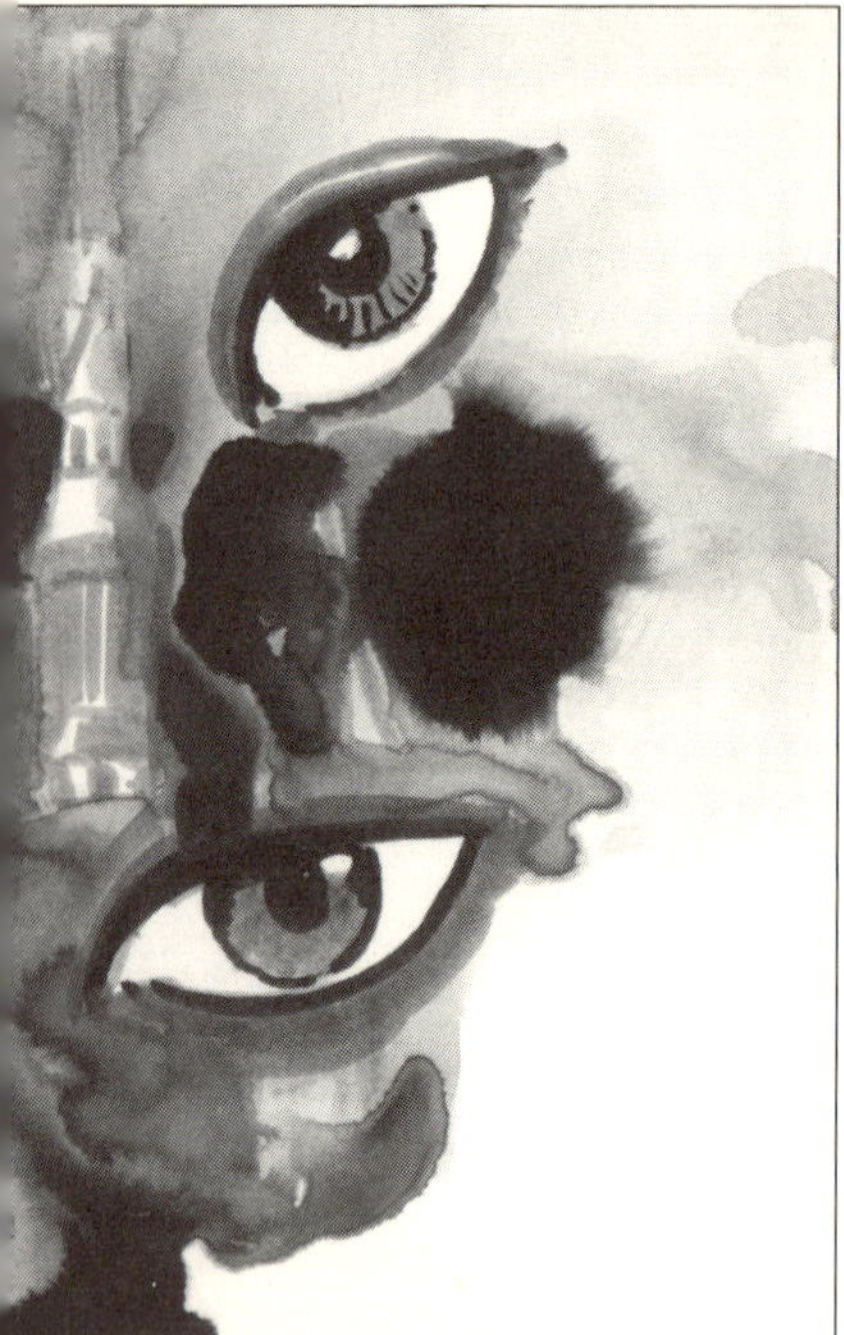

美女を袋詰めにして海に投げ込んだ残虐王

オスマントルコのスルタン（君主）は絶対的な権力をもっていたため、どんな理不尽な仕打ちをしようとも、残虐《ざんぎゃく》行為をしようとも、誰も止められなかった。

なかでも、一七世紀の第一八代スルタンとなったイブラヒムは、「狂王」「オスマンのネロ」と称されるほど、常軌《じょうき》を逸《いっ》した行動をとった。

イブラヒムは、「竜涎香《りゅうぜんこう》」という香水と「黒豹《くろひょう》の毛皮」にことのほか執着。そのため、このふたつを国中からスルタンに献上させる命令を出した。

イブラヒムは、部屋中に「竜涎香」をまき散らしただけでは飽《あ》き足りず、自分の衣服にもふりかけ、さらには髭《ひげ》など自分の体にもふりかけて、その強烈な香りに酔《よ》いしれた。

また、黒豹の毛皮は、服としてだけでなく、床に敷《し》き詰《つ》めたり壁にもかけられたり、長椅子《いす》などの家具をおおったりした。そうして、かつてハーレムで聞いたお気に入りの物語に出てきた「黒豹の王」を気取ったのである。

さらに、女性たちを全裸にして、その様子を眺《なが》めるのも好んだ。とはいえ、ひとりの寝屋の相手のヌードを楽しんだわけではない。数えきれないほどのヌードの女性に囲まれるのが好きだったのだ。そのうえ、女性たちが恥ずかしげもなく大胆なポーズをとるのを好んだ。

そこで考え出されたのが、プールでの宝物探しである。美女たちの目の前で、プールへ金貨や輝く高価な宝石を投げ込んでみせ、「これを拾《ひろ》った者に、その宝石をあたえよう」と宣言するのである。

全裸の美女たちは、宝石の美しさに引き込まれて、恥ずかしさも忘れて、我先にとプールに飛び込む。そして、宝石をめぐっての熾烈《しれつ》な争いを始めるのである。そ

の様子を見ることに、イブラヒムは、征服感を感じるのだった。

こうしてみると、イブラヒムは単なる享楽《きょうらく》的な支配者にすぎないと思いがちだが、「狂王」の本領はこんなものではなかった。それが後宮の美女総入れ替え作戦である。

あるとき、イブラヒムは、後宮の美女の総入れ替えを思いついた。そこで採用したのが、美女たちを袋詰めにしておもりをつけ、ボスポラス海峡へ投げ込むという方法だった。逃げ惑《まど》う美女たちは情《なさ》け容赦《ようしゃ》なく捕《と》らえられ、袋詰めにされて、まるでゴミのように海へと次々に投げ入れられたのである。その数は三〇〇人にも達したといわれている。

息ができずにもがきながら、美女たちは、ゆっくりと海中へと沈んでいった。このとき通りかかった船に救助されたのは、わずかにひとりだった。海底には、美女たちを閉じ込めた無数の袋が山積みになっていたという。

イブラヒムが、これほどの奇行を行なったのは、若いころ、宮殿の小さな部屋に長い間幽閉されたためだともいわれている。その後、スルタンが死亡したことによって、イブラヒムが後継となったが、そのときにはすでに心を病《や》んでいたのである。

君主になるために兄弟を皆殺しに！

オスマントルコのスルタンの後宮には多くの美女がいたが、そのために困った問題も起きた。異母兄弟が多すぎて、後継者争いが熾烈を極《きわ》めたのである。

もちろん後継順位はあったが、誰かが抜け駆《が》けをして皇太子を殺してしまえば、たちまち残った兄弟でスルタンの地位をめぐって骨肉《こつにく》の争いが始まった。

そこで、残虐なおきてを定めたのである。それは、即位した皇子の兄弟はひとり残らず殺してしまうというものだった。

これを実行したのが、メフメト三世である。兄弟を皆殺しにしただけでは飽き足りず、父のスルタンの愛妾《あいしょう》で、妊娠していた者は有無をいわさず袋に詰めてボスポラス海峡に投げ込んだ。

メフメト三世のこうした残虐行為の裏には、母であるサフィエの意向が大きかったという。サフィエはイタリアはヴェネツィアのベニス人で、名門の令嬢だったが、航海中に海賊船の襲撃に遭《あ》い、女奴隷《どれい》として売られてしまった。

しかし、その輝くような美貌《びぼう》のために後宮への捧《ささ》げものとなる。サフィエは美しいだけでなく、ひじょうに知性豊かな美女で、たちまちスルタンの寵愛《ちょうあい》を受けるようになった。

サフィエを深く愛したスルタンは、サフィエ以外の女性には目を向けなくなるほどの執心ぶりで、まわりをやきもきさせた。やがてサフィエが男の子を産むと、その子がスルタンの後継者に指名され、サフィエは母后《ぼこう》になる名誉《めいよ》をあたえられたのである。

その後スルタンが死去すると、サフィエの思惑どおり、息子のメフメト三世がスルタンとなった。ひとかけらの慈悲《じひ》もなく、自身の兄弟と父の愛妾を殺害したのは、母であるサフィエが奴隷出身で、スルタンの寵愛だけでのし上がってきたため、メフメト三世が反対勢力から殺害されることを恐れたからかもしれない。

その後サフィエは、自分が権力を握《にぎ》りたいがために、あえて息子を女性との快楽にふけらせて、政治へは関心を示さないように誘導した。こうしてサフィエは、息子のスルタンに代わり、実権を得て、好きなように政治を動かしたのだ。

しかし、メフメト三世が死去してしまったことから、サフィエの命運は尽《つ》きた。メフメト三世の後は、サフィエの孫のアフメト一世が継いだが、アフメト一世もメフメト三世同様に、政治にはまったく関心を示さなかった。

このままでは、引き続きサフィエが実権を握ると危惧《きぐ》したハンダンと宦官《かんがん》の手により、サフィエは暗殺されたのである。ハンダンは、じつはサフィエとともに前スルタンの寵愛を争った愛妾で、長年、サフィエに対する恨《うら》みを抱《かか》えていた。そこで、このときとばかりにサフィエを殺害することで、その恨みを晴らしたというわけである。

刃物でバッサリ、宮刑の残虐ぶり

男根《だんこん》を切り落とした役人を宦官というが、彼らはおもに皇帝の側近となり、後宮の女性たちに仕えるなどした。皇帝の愛妾たちと男女の仲に陥《おちい》る危険性がなかったからである。

宦官には、出世を望んで自ら志願してなる者や、征服された異民族から服従の意を示すために仕える者などもいたが、罰《ばつ》として去勢《きょせい》された者もいた。去勢の刑を「宮《きゅう》刑《けい》」ともいう。

古代中国では死刑につぐ重い罰だった。これは、去勢により生死の境《さかい》をさまよい、死に至る確率も高かったからであり、また、当時の儒教社会においては、子孫を残せないというだけで、人間の落ちこぼれでもあるかのように蔑《さげす》まれたからでもある。

中国の王朝では、一万人以上の宦官を抱える場合もあった。ある史料によると、一〇万人を超えたとも伝えられている。もっともこれは、中国独特の誇張《こちょう》した表現かもしれないが、少なくとも数千人規模だったと考えられる。

死刑につぎ重い刑を受ける人とは、よほどの悪人だろうと想像してしまうが、なかには『史記《しき》』の編者として知られる司馬遷《しばせん》や、有名な音楽家だった李延年《りえんねん》など、歴史的偉人も少なからず存在した。彼らが生きた前漢時代の皇帝・武帝《ぶてい》は、名門の者や秀才の誉《ほまれ》の高い者などを数多く宮刑に処したからである。

宮刑には激しい痛みをともなった。まずひもや細い帯で下腹部と股《また》の上をきつく縛《しば》った。出血を抑えるためである。刑は厳格に執行されなければならなかったから、男根だけでなく陰嚢《いんのう》もバッサリ切り落とす必要があった。そこで、鋭利《えいり》な刃物で一気に、両方とも切り落とすのである。

そのあと、尿道に栓《せん》をする。そうして、流れ出る血を洗い、冷水にひたした紙で傷をおおった。受刑者はあまりの痛みに耐《た》えきれず、気絶する者もいた。もっとも気絶したほうが本人にとってはせめてもの救いになったはずだ。

切除が終わったあとも、静かに寝かせてもらうことはできなかった。両脇をふたりの係に支えられ、少なくとも二〜三時間は歩かされた。

その後、三日間、食べ物はおろか水の一滴さえもあたえられなかった。これは、尿道を栓でふさいでいるための処置だった。受刑者は恐ろしい痛みと激しいのどの渇きにひたすら耐えるほかなかった。

そして、三日後に尿道の栓が抜かれる。ここで尿があふれ出し、傷が化膿《かのう》したり、傷口周辺の肉が腐《くさ》りかけていなければ、だいたい一〇〇日ぐらいで体は回復した。残酷な刑だが、清代の記録では、それでもおおかたの者は生き延びることができたという。しかし、なかには帰らぬ人になる受刑者もいた。

切除から三日後に、尿道の栓を抜いても尿が出ない場合は、もはや死を待つしかなかった。その間も受刑者は苦しみ、もだえながら絶命したのである。

血を抜かれた死体が転がる大奥猟奇殺人

大奥で起こった謎の変死事件といえば、一八二一（文政四）年六月の御右筆《ゆうひつ》・おりょうの事件である。右筆とは、いわゆる書記の役職で、毎日午前八時には仕事をはじめなくてはならなかった。

ある朝、おりょうは始業の時間になっても姿を見せなかった。寝坊でもしたのかと思っていたが、いくら待っても、いっこうに姿をあらわさない。大奥の者は自由に外へ出ることはできなかったから、おりょうが誰にも見つからずに大奥を抜け出したとは考えられなかった。そこで、皆で大奥内を探したが、誰もその姿を見つけられなかった。

そうこうしているうちに、四日も経ってしまった。捜索《そうさく》は、隅《すみ》から隅まで、チリひとつ見逃さないほどの厳格さで行なわれた。すると、乗り物部屋からおりょうの遺体が見つかったのである。

乗り物部屋とは、上級の奥女中などが外出時に乗る駕籠《かご》をしまう部屋で、全部で五部屋あった。駕籠には、湿気や汚れを防ぐために布がかぶせてあった。

そのような駕籠が一部屋に七〇～八〇もあり、捜索するには、駕籠ひとつひとつの布をとり、戸を開けて確かめなくてはならなかった。

おりょうの遺体が見つかったのは、遺体が発するひどいにおいのせいだった。一見したところ、駕籠に汚れたところはなく、とくに不自然な感じはしなかった。ところが、とにかくひどいにおいがする。

不審に思い、駕籠のなかを調べたところ、なにも身につけておらず、女性器があらわになるようなかっこうのおりょうの遺体があったのである。しかも、おりょうの体は血が抜き取られており、駕籠の床には血溜《だ》まりの跡ができていた。

さっそく検死が行なわれたが、結局、どのようにしておりょうが殺されたのかは、判明しなかった。ただ遺体の腐敗《ふはい》状況から、行方不明になってから時間をおかずに死んだらしいことがわかっただけである。

状況を見る限り、おりょうは乗り物部屋に連れ込まれ、駕籠のなかで犯されて、その後、殺害されたようだった。けれども、おりょうの遺体があった駕籠以外には、とくに異常は見当たらなかった。連れ込まれて抵抗したなら、そのような根跡があるはずなのに、そんなものはなかった。

「きっと、おりょうは化けものに襲われて殺されたに違いない」とささやかれるだけで、真相は解明されなかったのである。

罪人はひたすら苦しみ焼け死んだ「炮烙《ほうらく》の刑」

「酒池肉林《しゅちにくりん》」の語源（二五ページ参照）にもなった古代中国王朝・殷《いん》の紂王《ちゅうおう》と妲己《だっき》は、恐ろしく残虐な刑を実践したことでも知られている。その刑が「炮烙《ほうらく》の刑」である。

「炮烙の刑」とは、いわゆる火あぶりの刑のことだが、彼らの場合はふつうに火あぶりにしないところが恐ろしさを倍増させた。

妲己は稀代《きたい》の悪女で、人がもがき苦しむさまを見るのが、なによりの楽しみだった。気難しく、どんな高価な宝石や美しい衣装、極上の食事を用意してもめったに喜ばなかったが、他人のあげる悲鳴を聞いたり、恐ろしさのあまりゆがんだ表情を見ると、途端《とたん》に上機嫌になるのだった。

そこで妲己のために、なるべく長時間、人がもがき苦しむように考え出されたのが「炮烙の刑」である。これは、銅の柱をつかう。

この柱の表面には油を塗《ぬ》り、わざと滑《すべ》りやすくしておいてから、柱を横にして大きな穴に橋のようにかけ、その下から火を焚《た》く。その柱を人間に渡らせるのである。

もし柱から足を滑らせれば、まっさかさまに火の海へ投げ出される仕掛けだ。

なんとか助かろうと、必死になって柱を渡ろうとするが、柱には油が塗ってあるからすぐに滑る。落ちまいとしてしがみつくと、火で熱せられた銅の柱は高温になっており、柱に触れた手や足や腹は、たちまち焼け焦《こ》げていく。

これならひと思いに焼かれたほうがましだと思うが、自ら火の海に飛び込む勇気のある人間はそうそういないから、地獄のような責め苦が続くのだった。

この「炮烙の刑」のバリエーションとして、銅の柱を横にするのではなく、垂直に立てておき、それを登らせるときもあった。この場合も下は火の海になっており、なんとかそこから逃れようと柱にしがみつくものの、体は熱せられた柱に焼かれ、ついには力尽きて火の海へ落ちていくのだった。

この「炮烙の刑」は、一説には、銅製の器《うつわ》にいたアリから着想を得たといわれる。熱した器に触れたアリは熱さのあまり、手足をバタつかせた。そのさまが、まるで踊っているように見え、妲己を喜ばせた。そこから、小さなアリでさえ死のダンスを踊るなら、これを人間で行なえば、もっと迫力のある光景になるだろうと思いついたのだ。

妲己の残虐性を示す逸話《いつわ》は、事欠かない。妲己に溺《おぼ》れて政治を顧《かえり》みない紂王に対

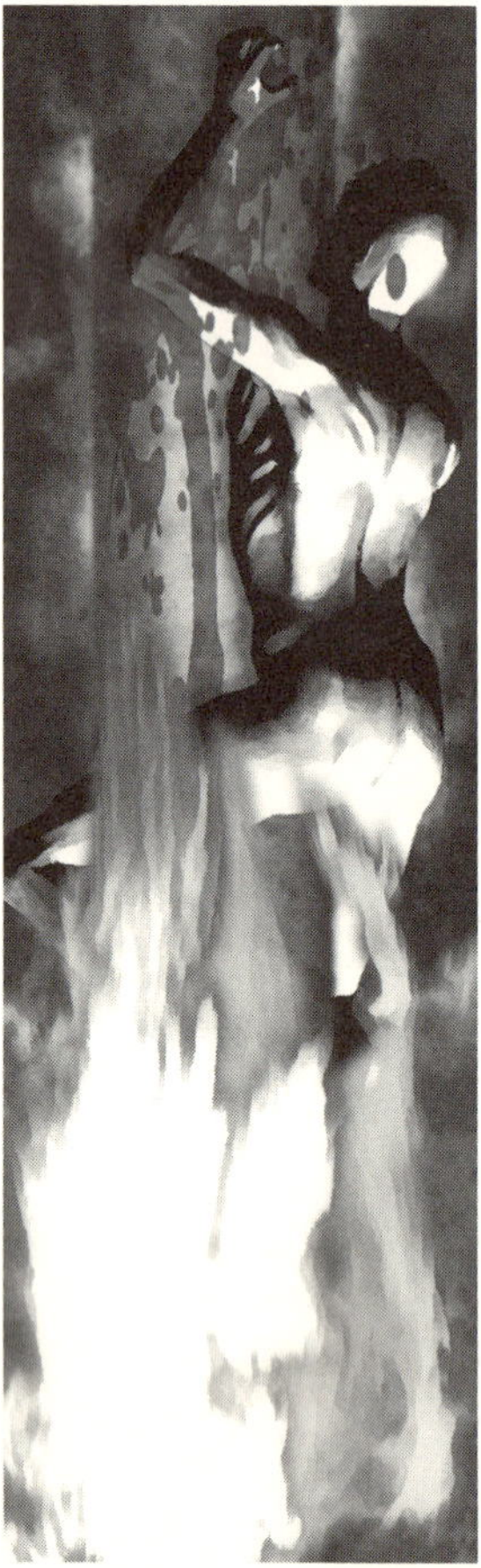

して、苦言を呈《てい》した比干《ひかん》という者がいた。すると、妲己はすかさず紂王へこうささやいたという。

「聖人は、凡人とは違い、心臓に七つの穴があいているといわれています。勇敢《ゆうかん》にも紂王に苦言を呈した彼は、まさに聖人といえるでしょう。彼の心臓の七つの穴をぜひ拝見したいものです」

この妲己のひと言で、比干は殺されて心臓を摘出された。比干の心臓をチラリと見ると、「まあ、穴などどこにもあいていないじゃない。つまらない」と、妲己は、吐き捨てるようにいったという。

幼い少年を惨殺し、死体を犯した男爵

一五世紀、フランスの男爵《だんしゃく》だったジル・ド・レは、国内でも有数の裕福な貴族だった。長身の美男で、そのうえ勇敢な戦士でもあった。シャルル七世に忠誠を誓い、かの有名なジャンヌ・ダルクがもっとも頼りにする部下として、戦場を駆《か》け回った。

どんな敵に対しても決して怯《ひる》まず、先陣を切り、捕《つか》まえた敵にたいしては、追及の手を緩《ゆる》めない。また、美しい顔立ちに似合わず、どんな拷問《ごうもん》にも立ち会い、ときには、より効果的な拷問方法を自ら指示する場合もある。悶絶《もんぜつ》しながら死んでいく敵を見ても、顔色ひとつ変えない、強い心臓ももっていた。

そんなジルの残酷ともとれる行為を、人々は職務に忠実な有能な戦士だからだと信じていたのだが、じつはジルはサディストで、人がもがき苦しむ様子を見るのが大好きだった。

もっとも、戦場で敵を拷問にかけているうちは、冷酷無比な戦士と思われることはあっても異常者だと疑われることはなかった。しかし、敬愛するジャンヌがイン

グランド軍に捕らえられて処刑され、戦争が終わって領地へ帰ってくると、その欲望を満たす手段を探さざるをえなくなった。

ジルが、なによりも好んだのは美少年だった。はじめのうちは、村の美少年を探し出し、小姓《こしょう》にするからと親を騙《だま》し、支度《したく》金を渡して集めていた。貧しい親たちは、息子が領主の男色の餌食《えじき》になることは薄々感じてはいたが、それでも豊かな生活ができ、やがて出世を望めるのであれば悪い話ではないと喜んだ。

少年は、城へ連れてこられると、風呂に入れられ、美しい服をあてがわれ、豪華な食事を振るまわれた。主人となるジルに会ってみると、とてもやさしい言葉をかけてくれた。

しかも、主人のジルは、自分のことがいたく気に入ったようで、さまざまな贈り物をしたり、話をして関心をひこうとしている。自分はジルに愛されている——そんなふうに安心させておくのがジルの手だった。

ジルは、ただ拷問するだけでは単純すぎてつまらないと思っていた。安心させておいて、その信頼を突然裏切る。そのときの愕然《がくぜん》とした相手の反応を見るのを好んだのである。

すっかりジルに心を許したころ、突然、少年はジルの部下によって地下室へ連行されて手足を鎖《くさり》につながれ、天井から吊《つ》るされてしまう。驚き泣き叫ぶ少年の元へ、やがてあわててジルがやってきて、鎖を解き「もう大丈夫だから」と慰《なぐさ》めるのである。そうしてやさしく抱き抱えて、ほっとしている少年の首に即座にナイフを突き刺すのだ。

しかし、すぐに息の根をとめることはしなかった。出血しながら、恐怖におののく少年を見下ろし、頭や手足を切り刻《きざ》んだり、腹を切り裂《さ》き、生暖かい内臓を素手《すで》でわしづかみにしたりした。

あるいは、その青ざめた少年の姿に興奮して、その場で犯したりもした。やがて少年が息絶えたころには、人間の姿をとどめていなかったという。

ジルの餌食になった少年は、一四〇〇人とも八〇〇人ともいわれている。しまいには、小姓にするという言い訳も通用しなくなり、部下に命じて目当ての少年を誘拐《ゆうかい》してきたともいうから、その執念には驚くばかりである。

女城主・カテリーナの残虐きわまりない復讐劇

一五世紀のイタリアの小国、フォルリの城の女主人、カテリーナ・スフォルツァは、夫が暗殺されたあと、一六歳の息子オッタヴィアーノの摂政《せっしょう》として国政を行なっていた。気丈《きじょう》なカテリーナの良政のおかげで、フォルリは周辺の大国から征服されることもなかった。

政治家としては一流だったカテリーナだが、彼女にはひとつ弱点がある。それは彼女の愛人問題だ。カテリーナの当時の愛人は、夫の小姓だったジャコモ・フェオ。ジャコモはカテリーナよりも八歳も若く、彼女は愛人に入れ込むあまり、ときには彼の言いなりになることもあった。

ジャコモは、カテリーナが自分に夢中であることを承知しており、次第に無理な要求をするようになっていく。ついには、愛人という立場は我慢ならないから、夫にしてくれというようになった。

しかし、カテリーナはあくまでフォルリ伯《はく》の未亡人として息子の後見役を務めている身分である。そのため、もし再婚すれば、それらの権利を放棄《ほうき》することになる（一説には、それでもカテリーナは権力よりもジャコモとの愛を選び、秘密裏《ひみつり》に再婚したといわれている）。

そのような背景もあって、そのころ、カテリーナに再婚を要求するほどずうずうしいジャコモは、まるでカテリーナの夫であるかのように、周囲の者を見下し、しまいには政治にまで口を出すようになっていた。

わずか二歳しか違わないのに、まるで義父のように横柄《おうへい》なジャコモに対して、オッタヴィアーノは嫌悪感《けんおかん》を抱いていた。ジャコモは、元はといえば実父の小姓であり、本来ならば自分の家来である。

また、周囲の重臣たちもジャコモに対してはいい感情をもっていなかった。カテリーナの寵愛《ちょうあい》をいいことに、政治についてなにもわからないのに口出ししてくる。そのため、ジャコモの周辺には、このままでは国が滅《ほろ》びるのではないかと危惧《きぐ》する者も数多くいた。

そうして、ジャコモは暗殺されたのだった。これに怒り狂《くる》ったのが、カテリーナである。愛する人を突然奪われた悲しみは、すぐに残酷なまでもの復讐《ふくしゅう》心へと変わった。

カテリーナは首謀者《しゅぼうしゃ》を探し出すと、その男を真っ裸にして、大聖堂のバルコニーにつるして、三か月間もさらしものにした。さらに実行犯となった七人は、馬にくくりつけて走らせるという拷問《ごうもん》を科《か》した。

しかしカテリーナの復讐は、これだけでは終わらない。陰謀者《いんぼうしゃ》たちへの激しい怒りは、彼らの家系を絶《た》やすことに向けられた。そうして陰謀者の一族は、たとえ赤ん坊であろうと高齢者であろうと関係なく殺されたのだ。その殺され方も、生きたまま井戸に投げ込まれたり、無残にも首を斬《き》られたりした。死刑は免《まぬか》れたものの投獄される者も数多かった。

カテリーナの残虐さを見せつけられた民衆は、カテリーナに対して恐れとともに強い反感をもつようになったという。

たった一枚の肖像画が原因で処刑された男

たった一枚の肖像画のせいで命を落とすことになったのが、イギリスの暴君・ヘンリー八世に仕えたトマス・クロムウェル卿《きょう》だ。

一五四〇年、ヘンリー八世は四人目の王妃をフランスから迎えようとしていた。王家の婚姻は政略結婚がほとんどで、今回もイギリスとフランスの絆《きずな》を強めるための政略結婚だった。

もっともフランスのフランソワ一世の娘を娶《めと》るといったほどの強固な関係を築くというのではなく、フランス貴族の娘と婚姻するという程度だった。

候補に上がったのは五人の貴族の娘だ。元来、女好きで有名なヘンリー八世である。どうせ結婚するなら、一番自分の好みにあった女性がいいとして、フランスに直《じか》に面接して選びたいと申し入れた。

それに気分を害したのがフランソワ一世である。自国の貴族の娘を五人も差し向けて品定めをさせるなど、とうてい許すわけにはいかないと、その要求をつっぱねたのだ。仕方なくヘンリー八世は、送られた肖像画を見てクレーフェ公の娘・アンネを選んだ。

ところが、婚礼の二日前に到着したアンネを見てヘンリー八世は愕然《がくぜん》とする。お見合い写真のようなものである肖像画だから、多少の修整が加えられているのは仕方ない。しかし、アンネはどう見ても肖像画とは似ても似つかない女にしか見えなかったのである。

即刻、アンネとの婚約はなかったことにして、別の美女と結婚したいと思ったヘンリー八世だったが、政略結婚である以上、いかに暴君のヘンリー八世といえども、できるはずもなかった。イヤイヤながら結婚式を行なったものの、初夜は不首尾なまま、早々にアンネとは離婚した。

しかし、離婚しただけでは腹の虫がおさまらないヘンリー八世は、誰かに怒りを向けずにはいられなかった。その矛先《ほこさき》となったのが、アンネとの結婚を仲介したトマス・クロムウェル卿だったのである。とんでもない醜女《しこめ》をすすめたとして、死刑を宣告され、斧《おの》で首を飛ばされたのだ。

ヘンリー八世の女癖の悪さは有名で、生涯《しょうがい》で六回も王妃を替えている。女好きのヘンリー八世にとって、醜女との結婚ほど許せないことはなかったのかもしれない。

ひげのない者は殺される！宦官の大量殺戮

中国の後漢末期の皇帝・霊帝《れいてい》は、宦官《かんがん》を重用した。宦官のいいなりになっていたといってもよく、宮廷は宦官によって支配されていた。

そのため、政治は腐敗《ふはい》し、官職もお金で買えるようになり、賄賂《わいろ》政治が横行していた。

霊帝が亡くなると、宦官たちは、自分たちの意のま

まになる霊帝と宮女の王美人との間に生まれた皇子の協を皇帝にしようと企《たくら》むが、それに反発したのが、皇后の兄である何進《かしん》だった。皇后が産んだ弁を皇帝にしようとしたのである。

何進は、四代続けて三公を輩出《はいしゅつ》した名門の出で宦官の専政に反発する袁紹《えんしょう》の協力を得て、宦官勢力の一掃を計画する。しかし事前に計画が宦官たちに漏《も》れ、何進は宦官たちの策略にはまり、なにも知らずに参内《さんだい》して、宦官たちに取り囲まれて斬《き》り殺されてしまう。

何進が暗殺されたことを知った袁紹は、武力制圧しかないと決心する。部下を率《ひき》いて宮廷に乗り込み、一気に宦官の大虐殺《ぎゃくさつ》を行なったのである。

このとき、袁紹は部下たちに「ひげのない者は問答無用で斬り捨てろ」と命じた。男性器を切り落とした宦官たちは、女性化する傾向にあり、ひげが生えない者が多かったからだ。

宮中になだれ込んだ袁紹の部下たちは、ひげのない者を見ると、問答無用でバッサリと斬り捨てた。

なかには、体質的にひげがあまり濃くない者もいたため、宦官でないことを証明するために、あわてて全裸になり、男性器があることを見せて、なんとか斬り捨てられるのを免れるといったありさまだった。このようにして、袁紹によって虐殺された宦官の数は、二〇〇〇人以上にのぼったといわれている。

蛇足《だそく》だが、何進の宦官政治への抵抗には、洛陽《らくよう》の都にいた曹操《そうそう》も賛同しており、本来ならば袁紹とともに、何進に加勢することになっていたという。ところが、その計画が実現する前に何進が殺されてしまい、結局、袁紹の単独行動になってしまったのである。

曹操といえば、後に魏《ぎ》を建国する武将である。のちに、皮肉なことに袁紹と曹操は、勢力争いの敵同士として戦うことになる。

赤ん坊を切り裂く、黒魔術師による魔の儀式

一七世紀末から一八世紀初頭にかけて、「太陽王」と称されたルイ一四世の時代

は、ブルボン朝フランス王国がもっとも繁栄した時代だった。

きらびやかな宮廷《きゅうてい》文化が隆盛を極めたが、内部では、なんとしてでも絶対権力者である王の寵愛を受けようと、貴婦人たちの激しい戦いが繰り広げられていた。なにしろ王の愛妾になれば、どんな贅沢《ぜいたく》も思いのまま、そのうえ一族の出世も望めたからである。なかには、自分の出世のために、美貌の妻が王の愛妾になってくれればという願いを抱く貴族の男も少なくなかった。

女好きで知られたルイ一四世は、手当たり次第に女性に手を出した。そのため、宮廷には多くの美女がひしめいている。そんななかで、王の目に留まるのは至難の業《わざ》だ。しかし、もっと大変なのは、少しでも王の関心を長く引きつけておくことだ。

そんな貴婦人たちの過酷な競争を手助けしたのが、怪《あや》しげな占い師ラ・ヴォアザンだった。ヴォアザンは、もともとは宝石商の妻で、裕福な暮らしをしていたが、タロット占いや占星術に通じていた。そんなことから、貴婦人たちの恋の悩みを聞いたり、その行方を占ったりしているうちに、やがて魔力によって人々の願いを叶《かな》える方法にのめり込むようになっていったのである。

意中の人の関心を引きたい、ベッドのなかで相手をメロメロにしたい、そんな罪のない願いを叶えるため媚薬《びやく》を処方したり、精力剤を渡すだけならまだよかった。

ところが、人々の欲望はとどまるところを知らず、愛人ができたので邪魔になった夫を亡き者にしたい、恋敵《こいがたき》がいなくなってほしいといった物騒な願いの成就にも手を貸すようになっていった。

さらにヴォアザンの妖力は増していき、黒魔術を司《つかさど》るようになる。毒薬などで直《じか》に殺せない相手に対して、黒ミサを行なって呪い殺したり、災《わざわ》いが降りかかるようにしたりするのである。

もっとも効果的な儀式には、赤ん坊の生贄《いけにえ》が必要だった。願いを成就したい者は全裸で祭壇《さいだん》に横たわり、頭に黒いベールを被《かぶ》る。司祭の役のヴォアザンは、横たわった者の腹に、赤ん坊ののどを切り裂いて血を滴《したた》らせるのである。あるいは、赤ん坊の体から一滴残らず搾《しぼ》り取った血を杯《さかずき》に満たし、それを飲ませることもあった。

ヴォアザンの手によって殺された赤ん坊は二〇〇〇人にも及んだといわれている。不義の子を宿《やど》した娘たちをひそかに出産させて、その赤ん坊を生贄にしたり、儀式用に誘拐したりして集めたという。

やがてヴォアザンの悪事が発覚し、ヴォアザンの客が逮捕されたが、そのなかにはソワソン伯爵《はくしゃく》夫人やリュクサンブール元帥《げんすい》、アリュイ侯爵夫人など、大貴族も多くいた。華やかなフランス宮廷史に影を落とす事件であった。

秘密の花園に大潜入！②

中国の宦官は性欲処理係兼セックス手配係だった?!

中国の宦官《かんがん》の大事な務めのひとつが、皇帝の夜の相手を手配することだった。この業務を行なうところを敬事房といい、その長を敬事房太監《たいかん》といった。

相手の手配とともに、年月日を記録するのも任務だった。これは、受胎日《じゅたい》を正確に把握《はあく》するためであり、皇帝の子どもであるといった証拠になる。

皇后は世継《よつぎ》をもうけることが期待されていたため、皇帝は義務的にでも抱いたが、そのほかの愛妾《あいしょう》たちは、その日の気分で選ぶことができた。

まず、食事が終わると、敬事房太監が後宮の妃《きさき》たちの名を記《しる》した札を入れた盆を差し出す。そのなかで、皇帝がこれはと思う女性の札を裏返し、それが今夜の夜伽《よとぎ》の相手という意味になる。

そして敬事房太監が宦官に命じて、指名の妃に支度をさせて、皇帝のベッドまで妃を連れてくるという寸法だ。

とくに皇帝の興がのらず、相手は誰でもよいと思える日は占いで決めたり、適当に相手を決めることもあった。

そんなときは、敬事房太監が作為的に妃を選ばせることも可能だったため、後宮の女性たちは、敬事房太監へ賄賂《わいろ》を贈り、自分が少しでも多く皇帝の相手を務められるように便宜《べんぎ》を図《はか》ってほしいと頼むのだった。

皇帝は、幼いころに乳母の手を離れると、そこから先の教育は宦官が受け持った。そのため、皇帝の好みを知りつくしているのは宦官であり、彼らの後押しを取りつければ、後宮の女性たちにとっても心強かったのである。

また、宦官は、セックスの技を皇帝に教える役目もになっており、なかには若い皇帝と寝床を共にして愛人となる者もいた。このように、皇帝とは一心同体のような親密さだったため、宦官の影響は大きかったのである。

いっぽう、後宮の女性たちにとっても宦官はいちばん身近な存在で、お互いに性的欲求不満を抱《かか》えている者同士、慰《なぐさ》め合うことも多かった。

宦官にはペニスはないから、通常の男女のセックスはできないものの、舌《ぜっ》技《ぎ》や性具をつかって、女性をイカせることは可能だった。

宦官たちは、外では娼婦を買ったり、好みの女性を見つけると、権力をかさにきて、てごめにすることもあった。妻や妾《めかけ》をもつことも当たり前だったから、たとえペニスはなくても、禁欲していたというわけではなかったようだ。

日本と中国、それぞれの後宮に伝わる意味不明の規則

後宮には独特の作法があり、それは厳しく守らなければならないとされた。洗練された美女になるために不可欠なおきてもあったが、なかには首をかしげたくなるものもあった。

たとえば一七世紀から二〇世紀にか

けて中国を支配した統一王朝・清の後宮では、仰向《あおむ》けに寝てはいけないと厳しく決められていた。このおきてを破ると、ムチ打ち刑や深夜の広い宮殿を一人で見回るなどの刑罰に処せられたため、女官たちは、横向きに寝ていた。

また、女官というと、華やかに着飾っているイメージがあるが、むしろ地味にして化粧っ気がないのが美徳とされた。これは、女主人よりも目立つことは、反逆ととられたからである。

しかしながら、宮廷で慶事《けいじ》が催《もよお》されるときは、特別な晴れの日として、化粧をしたり小豆《あずき》色の服を身にまとうことが許されたから、このときばかりは念入りにオシャレをした。もしかしたら、皇帝の目に留まる幸運が舞い込んでくるかもしれなかったからだ。

いっぽう、日本にも奇妙な規則がある。江戸時代、大奥では、新米の女中は、「新参舞《しんざんまい》」を披露《ひろう》しなければならない決まりがあった。

舞とはいうものの、これは素裸で踊る宴会《えんかい》芸のようなもので、上品なものではない。素裸で頭に手拭《てぬぐ》いをかぶらされたり、ざるをかぶらせたりして、いい見世物といった感じである。これは、古株の奥女中たちのストレス発散になっていたといわれている。

裸踊りの最中には古株の奥女中が乱入し、新米を追いかけ回したりして、乱痴気《らんちき》騒ぎになった。しかし、これはどんなときでも免除《めんじょ》されなかったため、新米女中は耐《た》えるしかなかったのだ。

3 嫉妬うず巻く毒婦の争い

王の寵愛を得るためには手段を選ばず――

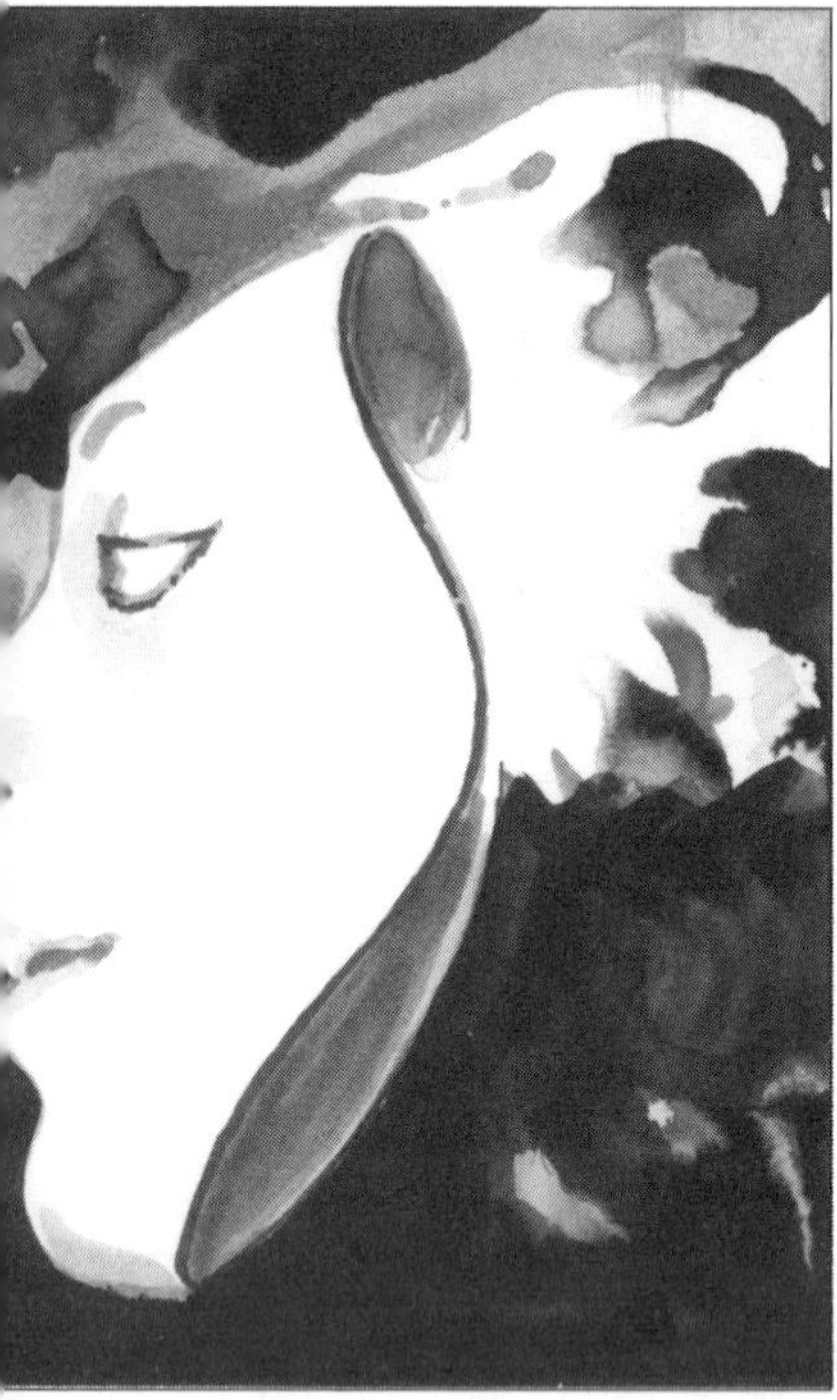

邪魔者はすべて皆殺し！西太后の血も涙もない悪女ぶり

清王朝を滅亡《めつぼう》に追い込んだ中国史上最凶の女帝が西太后《せいたいこう》である。その名は、悪逆無道を繰り返した悪女として広く知られている。満洲《まんしゅう》の小役人の娘から、美貌《びぼう》と美声を武器に咸豊帝《かんぽうてい》の愛妾《あいしょう》にまでのぼりつめた西太后だが、やがて咸豊帝は西太后を嫌うようになり、一時はその命を奪《うば》おうとまで考えたようである。

しかし、ときは西太后に味方をしたようで、ほどなく咸豊帝は死去した。咸豊帝の葬儀の最中、西太后はクーデターを起こして、五歳のわが子である同治帝《どうちてい》を帝位につけて、自分は摂政《せっしょう》となる。このとき、処刑された重臣は、手足を一本ずつ斬《き》り落としていくという残酷《ざんこく》な方法で殺された。

同治帝は一七歳になると、皇后を迎える。しかし、西太后が推《お》す慧妃を無視して、東太后《とうたいこう》が推す毅皇后を選んだため、西太后はふたりが仲良くするのが気に入らず、なにかにつけて嫁である皇后に嫌味をいったりするのだった。

やがて、それでも飽き足りない西太后は、ふたりの仲を裂《さ》こうとふたりを会えなくしてしまった。同治帝は皇后に会えない寂《さび》しさから、街の娼館へ通い、そこで梅《ばい》毒《どく》にかかって一八歳で亡くなってしまう。西太后はわが子であっても自分の意に沿《そ》わない者には容赦がなかったようで、実の子の同治帝でさえ、実母の西太后を嫌っていたという。

しかし、実の子を亡くしても、悲しみにくれる西太后ではなかった。三歳の光緒帝《こうしょてい》を担《かつ》ぎだしてきて、ふたたび政治の実権を握《にぎ》ったのである。このとき、毅皇后への仕返しも忘れなかった。同治帝が若くして亡くなったのは毅皇后のせいだとして、幽閉《ゆうへい》して餓死《がし》させたのである。

また、それまで西太后を補佐してきた東太后も毒殺したという。東太后は、咸豊帝の正式な皇后で、西太后よりも位は上だったが、おっとりした性格のうえ世《よ》継《つぎ》を産めなかったため、咸豊帝亡き後は西太后にしたがっていたのである。

東太后が毒殺されたのは、じつは咸豊帝からあたえ

られた密書を燃やしたためだという説がある。西太后の気質を知っていた咸豊帝は、東太后の身を案じて「なにかあれば、西太后を罰《ばっ》する権利をそなたにあたえる」という文書を書き残していた。

しかし、人のよい東太后は、「こんなものは、必要ないわよね」といって、西太后の目の前で焼いたという。その後、西太后はすかさず東太后へ毒入りの餅《もち》を送って殺害したといわれている。

やがて、そんな恐ろしい西太后から、なんとか実権を取り戻そうと二七歳になった光緒帝はクーデターを起こすが、事前に発覚して幽閉されてしまった。部屋から出られず、食事は腐《くさ》ったようなものばかりで、いつも西太后からねちねちと小言をいわれて、精神的にも追い詰められる毎日だった。

こうしたなか、義和団事件をきっかけに連合軍による襲撃が始まり、強気の西太后も紫禁城《しきんじょう》から逃げ出さなくてはならない事態に陥《おちい》った。

もはやこれまでと悟《さと》った西太后は、光緒帝をせきたてて逃げようとする。そのとき、光緒帝の寵姫《ちょうき》である珍妃《ちんひ》が「皇帝が城を捨てるべきではありません」と忠言すると核心を突かれ動揺し、激怒した西太后は宦官《かんがん》に命じて珍姫を生きたまま井戸へ投げ込ませた。どんなときでも、気に障《さわ》った者への弾圧は必ず行なう西太后だった。

西太后のライバル・東太后が仕組んだ安徳海暗殺事件

〝悪女〟として名高い西太后の強烈な個性と比較されるせいか、東太后は、とても柔和《にゅうわ》で穏やかな人といった印象が強い。

位では西太后よりも上の皇后だったにもかかわらず、気の強い西太后のなすがままだったと思われているが、じつはそんな東太后も西太后に逆らったことがある。それが、宦官・安徳海事件である。

同治帝は、口うるさく、政治の実権を握る実母の西太后とはそりが合わず、むしろ東太后になついていたという。そんな同治帝が、東太后と結託《けったく》して、権力者である西太后の裏をかいたのだ。

西太后は宦官の安徳海が大のお気に入りだった。とくに好んだのが、安徳海とのおしゃべりだ。安徳海はなかなかの情報通で、宮廷《きゅうてい》の要人たちのゴシップネタを西太后に提供していたのである。

誰と誰が恋仲になったとか、誰それはこっそり不倫している、誰と誰は表面上仲よくしているものの、本音ではお互いを追い落とそうと画策している、などといった具合である。

安徳海としては、西太后が聞きたがるので、そのようなネタを多く提供したにすぎない。しかし、西太后はその秘密を存分に利用した。つまり、相手の弱みを握って重臣を意のままに操《あやつ》ったり、表面では自分にかしずいているように見えるが、陰では批判している者を罰《ばっ》したりしたのである。

そうなると、安徳海が俄然《がぜん》力をもちはじめ、人々は皆、自分のことを噂されないように、安徳海の機嫌を取るようになったのである。

安徳海自身も、もともと身分の低い成り上がり者だけに、次第に傲慢《ごうまん》になっていったという。

同治帝が一四歳になったときである。一年後の婚儀《こんぎ》に向けて、西太后は、広東《カントン》などの南方地域へ、安徳海を派遣した。婚礼衣裳《いしよう》を調《ととの》えるためである。当時の高級な婚礼衣裳といえば、南方へ買いつけにいくのがならわしだったのである。

ところが、法律では、宦官が勝手に北京《ペキン》を離れた場合は死刑になるという決まりがあった。安徳海は、西太后の命により、南方地域へ旅立ったのだから、規定違反には当たらない。

だが、西太后も安徳海も、あまりにも深い信頼関係があったために、西太后は、正式な書類などを発行せずに、口頭で命令しただけだった。

東太后と同治帝はそこに目をつけたのである。独断で安徳海が北京を離れたので、捕《と》らえて処刑するようにといった命令を山東巡撫《じゅんぶ》の丁宝楨《ていほうてい》へ下したのである。安徳海が途中、山東へ寄ることを知ったうえでの命令だった。

丁宝楨は実直な人間で、たとえ宮廷の要人だからといって、それにおもねる人ではなかった。そのため、安徳海がいくら弁明しても頑《がん》として受け入れず、命令どおり処刑してしまったのである。

この知らせを聞いて、衝撃を受けたのは西太后である。嘆《なげ》き悲しみ、そして恨みを抱いた。しかし、どんなに悲しんでも安徳海が生き返るわけではない。このときの恨みにより、のちに東太后を毒殺したという説もあるほどだ。

楊貴妃VS梅妃、嫉妬うず巻くすさまじき女の戦い

世界三大美女のひとりとされる楊貴妃《ようきひ》は、唐《とう》の玄宗《げんそう》の第六皇子の妻から、玄宗皇帝の妻にのし上がった人物である。そんな玄宗をメロメロにした楊貴妃にも強力なライバルがいた。梅妃である。

楊貴妃が後宮入りしたときに、一〇〇〇人以上の美女がひしめく玄宗の後宮で、第一の寵姫《ちょうき》の地位にいたのが梅妃だ。梅の花をこよなく愛したことから、この名で呼ばれるようになり、玄宗は梅妃を喜ばせるために各地から梅の花の種を取り寄せたほどである。

また、梅妃は、当代屈指《くっし》の才女でもあった。柳腰《やなぎごし》のスレンダー美女、しかも端正《たんせい》な面立《おもだ》ちという美貌のもち主で、肉感的で大柄な楊貴妃とはまったく対照的な女性だった。

玄宗にしてみれば、どちらにも捨てがたい魅力があったといえる。楊貴妃が玄宗の後宮に入ったのが一五歳。いっぽうの梅妃は二二歳。どちらも十分に美しく、これからさらに美しくなる年ごろだった。

慣れない後宮で楊貴妃が頼りにしたのが、侍女頭《じじょ》の葉限だった。葉限は大貴族の娘で、その優雅《ゆうが》さは後宮の女官のなかでも飛びぬけていた。葉限も、楊貴妃に献身《けんしん》的に尽くしていたので、楊貴妃は葉限を姉のように頼りにしていた。

そんなふたりの関係を快《こころよ》く思わなかったのが梅妃である。たいした家柄でもない十代の小娘が、洗練された美女のように見えるのは葉限の助言があるからだ。葉限がいなくなれば、楊貴妃もあそこまで素晴らしく見えはしないだろうと思ったのである。

実際、玄宗に楊貴妃が初めて会ったとき、楊貴妃の豊かな黒髪と真珠《しんじゅ》のような玉の肌が映《は》えるように、真紅《しんく》の牡丹《ぼたん》を髪に飾《かざ》ったのは葉限の手によるものだ。これにより、艶《つや》やかさと少女の初々《ういうい》しさを玄宗に強く印象づけることに成功し、梅妃とはまったく違う魅力を演出したのである。

また、楊貴妃が珍《めずら》しい体臭の持ち主であることに気づいた葉限は、あえて楊貴妃に薫香をつけずに、その素晴らしい香りで玄宗を虜《とりこ》にできるようにした。

ある朝、日の出の勢いの楊貴妃の元に梅妃から瓶《かめ》が届けられる。ふたを開けてみると、なんと塩づけにされた葉限の生首が入っていた。しかも、その口には、曼珠《まんじゅ》沙華《しゃげ》の花が押し込まれていた。

梅妃の使者は楊貴妃にこう告げて帰っていったという。「梅妃様が大切にされていた花園から花を盗んだ盗人《ぬすっと》です。そちらにゆかりのあるとのことなので、お届けしました」。

楊貴妃は、葉限の口から花を取り出すと、泣き崩《くず》れた。あの美しかった葉限の首からは、すでに死臭が放たれていたという。女の嫉妬《しっと》は、ときにここまで残酷になれるのである。

見れば必ず不幸が訪れる…
大奥「宇治の間」の幽霊

江戸城大奥の「宇治《うじ》の間」は、怨霊《おんりょう》が出る部屋として恐《おそ》れられ、やがて襖《ふすま》は釘《くぎ》を打ちつけられて〝開《あ》かずの間〟になったという。ここに幽霊が出ると、徳川家にとって不幸なことが起こるとささやかれた。

実際、一二代将軍家慶《いえよし》は老女の幽霊を見てまもなく病《やまい》に倒れ、他界した。不思議なことに、この幽霊は家慶にだけ見えたらしく、供《とも》の者は誰一人目撃していない。

宇治の間に幽霊が出るようになったのは、一七〇九（宝永六）年より後である。この幽霊の正体は、五代将軍綱吉《つなよし》の正室信子付の御年寄《おとしより》だといわれている。

次にあげる話は、正史には記《しる》されていないため、実証することはできない。しかし、この事件以降、幽霊話が浮上したのは事実のようだ。

五代将軍綱吉には実子の世継がいなかった。戌《いぬ》年の綱吉が世継を授《さず》かるための願かけとして、悪評となった生類憐《しょうるいあわれ》みの令を出したのは有名な話である。ところが、その願《がん》かけもむなしく、ついに実子の世継には恵まれなかった。そのため、甥《おい》である綱豊《つなとよ》（のちの家宣《いえのぶ》）が次期将軍職に決まった。

そんななか、じつは綱吉のご落胤《らくいん》であるといった男の子が現れたのである。その子の名は、吉里《よしさと》。吉里は、綱吉の側用人《そばようにん》である柳沢吉保《やなぎさわよしやす》とその側室・染子《そめこ》との子どもとされていたが、真相は違っていたという。綱吉は頻繁《ひんぱん》に吉保の屋敷を訪れたが、それは、吉保の側室の染子に熱をあげていたからだというのだ。綱吉自身も、吉里は、自分の息子だと信じていたふしがある。

そんな綱吉の思いにつけ込んで、吉保と綱吉の側室・お伝《でん》の方が、次期将軍に吉里を担《かつ》ぎ出した。綱吉の側室であるお伝の方が、吉里擁立《ようりつ》に積極的だったのは、正室信子に対抗するためだった。どちらも男の子を産めなかったので、信子が推す綱

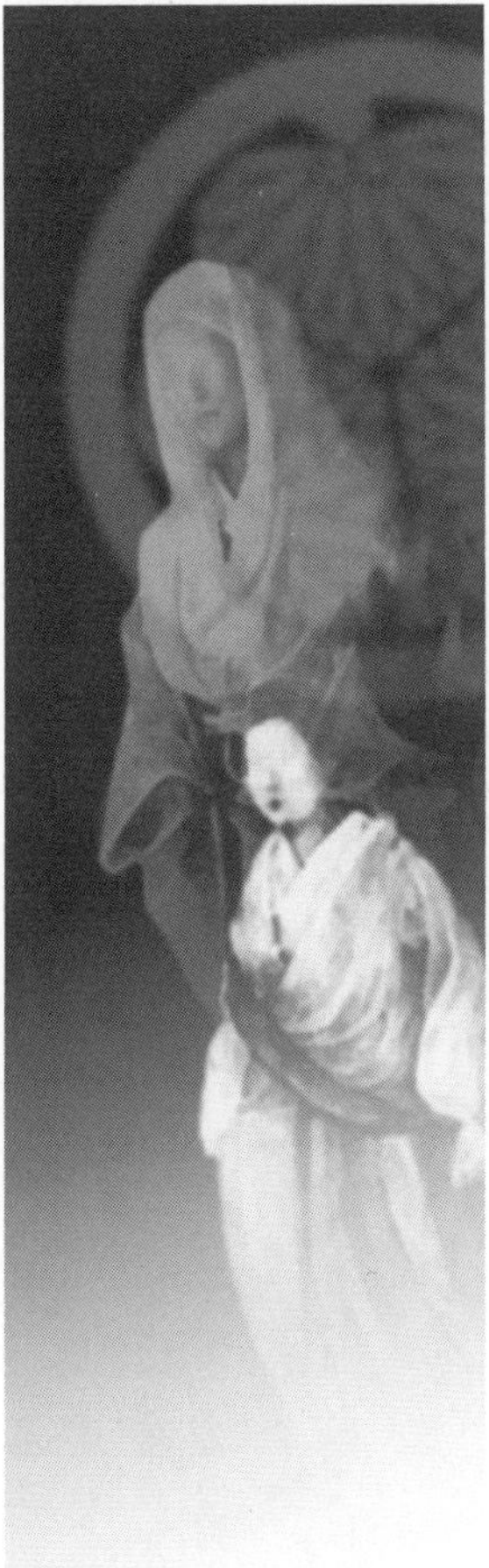

豊ではなく、対抗する勢力に加担して自分の地位を確保しようと目論《もくろ》んだのだ。

寵臣《ちょうしん》の長男を将軍に据《す》えるなど正気の沙汰《さた》ではないと、信子は綱吉に思いとどまるように説得するが、綱吉は聞く耳をもたない。思いあまった信子は、綱吉を宇治の間で刺殺した。そのとき、信子に加勢したのが、幽霊となった信子つきの御年寄である。やがて信子も御年寄も自害した。

しかし、そのような女主人を哀《あわ》れに思ったのか、御年寄は、宇治の間の幽霊になってしまったようだ。

一大スキャンダル絵島・生島事件は大奥の勢力争いのために捏造された?!

大奥を取り締《し》まる立場にある御年寄が役者と密会をしていたとして大事件になったのが、一七一四（正徳四）年に起きた絵島《えじま》・生島《いくしま》事件である。当事者である大奥を統轄する御年寄の絵島と役者の生島新五郎の名をとって、このように呼ばれている。

この事件で絵島は死罪（のちに減刑されて信州《しんしゅう》高遠藩預かりの幽閉生活を送る）、生島も流罪《るざい》となった。そのほか関係者として処罰された者は、一〇〇〇人とも一五〇

○人ともいわれている。
ところが、わかっているのは、寺社参りに出かけた絵島が、帰る途中に芝居見物をして、門限の暮れ六つ（午後六時）にギリギリに帰ってきた、あるいは少し遅れてしまったらしいことぐらいである。

芝居見物では、二階の桟敷席《さじき》を貸し切りにして酒宴《しゅえん》などが催《もよお》され、そこに生島をはじめ役者たちも挨拶《あいさつ》にきたという。

しかし、大奥の上級の女中が、寺社参りの帰りに、息抜きに芝居見物をしたり買い物をしたりするのは珍《めずら》しくなかった。

にもかかわらず、絵島のこの行状が問題にされ、はては拷問《ごうもん》の末に生島に「絵島と密通した」と白状させる事件にまでなったのは、大奥の勢力争いがあったからだといわれている。

絵島が仕《つか》えていたのは、わずか三歳で七代将軍となった家継《いえつぐ》の生母である月光院《げっこういん》である。月光院は六代将軍家宣《いえのぶ》の側室だったが、正室の天英院《てんえいいん》に世継が生まれなかったため、将軍の生母として権勢をふるいはじめた。月光院を支えていたのが、側《そば》用人《ようにん》の間部詮房《まなべあきふさ》である。

いっぽう、月光院に敵対していたのが、家宣の正室・天英院だった。実子がいないとはいえ、月光院よりも格上である。そんな天英院に加勢したのが、老中・秋元喬知《たかとも》などの譜代《ふだい》大名たちだった。

　月光院と天英院の争いは、いわば側室・側用人という身分は低いが将軍の信任を得て力をもちはじめた新興勢力と、正室・譜代大名という身分も高く、本来、政治や大奥の中枢《ちゆうすう》にいた従来勢力との対立でもあった。

　当時は、家継が将軍になっていたため、天英院派はかなり劣勢になっていた。そこで、一発逆転の巻き返しに利用されたのが、月光院つきの御年寄である絵島だったというわけである。

　どんなに問い詰《つ》められても、絵島はけっして生島との関係を認めなかった。濡《ぬ》れ衣《ぎぬ》だったのではといった説もあるほどだ。

　こうして、絵島・生島事件が起こったために、月光院は急速に大奥での勢力を失っていった。

　しかも、数年後には家継が死去したために、なおさら権威のよりどころを失ってしまう。代わって、八代将軍となったのは、天英院が強く推挙した紀伊《きい》藩主の吉宗だった。

味噌汁のなかに毒を仕込む！大奥の争いはここまで容赦なかった

一二代将軍・家慶から一五代将軍・慶喜《よしのぶ》までの長きにわたり、御年寄として大奥の取りまとめをおこなった滝山《たきやま》は、人望も厚い女性だった。ところが、そんな滝山を亡《な》き者にしようと、毒を盛ったり部屋に放火したりした者がいたという。

ある宴会の席のことである。鯉《こい》の味噌汁《みそしる》をひと口飲んだ滝山は、すぐに中座してしまった。宴《うたげ》の主催者である御年寄の藤野に失礼を詫《わ》びるとすぐに、自分の部屋へと退室した。そのあと、滝山は高熱を出し、一時は意識不明の重体にまで陥《おちい》ってしまった。

また、あるときは、滝山の部屋から不審火が出た。幸《さいわ》い発見が早くぼやですんだものの、大奥ではことのほか火の始末にはうるさく、部屋で天ぷらをつくることさえ禁じられていた。火の気がないにもかかわらず出火するわけはなく、誰かが枯《か》れ草に火をつけて部屋に投げ込んだようだった。

このふたつの事件は、明《あき》らかに滝山の命を狙ったものだが、犯人は捕まっていない。大奥の万事を取り仕切る有能な滝山が、なぜか不問に付《ふ》しているのである。

じつは、滝山には犯人の目星がついていたという。しかし、それを表沙汰《おもてざた》にしなかったのは、相手が相手だったからである。

その相手とは、一四代将軍・家茂《いえもち》の生母・実成院《じつじょういん》だった。実成院は、もともと紀伊藩主徳川斉順《なりゆき》の側室だったが、二五歳のときに斉順が死去したために未亡人になってしまった。ところが、実成院のおなかには慶福《よしとみ》（のちの家茂）が宿《やど》っており、斉順の死後一六日して、誕生した。ここまでなら、前紀伊藩主の側室という身分で終わるはずだった。

しかし、斉順の後を継《つ》いで紀伊藩主になった斉順の弟の斉彊《なりかつ》がわずか四年で死去してしまった。斉彊の後継になったのが、わずか四歳の実成院の実子・慶福だったのである。実成院は思いもかけず、紀伊藩主のご生母になった。さらに、その慶福が一三代将軍・家定の養嗣子《ようしし》となり、家茂と名を改めて徳川将軍に就任したため、将軍のご生母という地位にまで上《のぼ》りつめたのである。

けれども実成院は、派手で遊び好きで、朝から酒を飲んでどんちゃん騒ぎをするのが大好きな、だらしない女性だった。紀伊藩主の側室時代から、その素行の悪さは有名で、慶福は生まれてすぐに実母の元を離され、乳母に育てられたのである。実成院では教育上、よくない言動が多いという理由からだった。

そんな実成院だから、厳しいおきてのある大奥は窮屈《きゅうくつ》だった。なにかにつけて、「少し行状をお慎《つつし》みください」と御年寄の滝山から注意された。将軍のご生母とはいえ、慶福は傍流《ぼうりゅう》である。前将軍・家定の生母・本寿院《ほんじゅいん》が大奥の最高権力者だったし、慶福の母は形式的には、家定の正室・天璋院《てんしょういん》ということになる。

こうるさい滝山さえいなくなれば、もっと自由に暮らせる——と実成院が思ったとしても無理がなかった。そのため、藤野を実行犯にしたのではないかといわれている。藤野は実成院付御年寄だった。あるいは、女主人のために藤野が自ら滝山殺害を企《くわだ》てたのではないかといった見方をする人もいる。

さすがの滝山も、将軍の生母には手を出せず、事を荒立てないよう内密に済ませるしかなかったのである。

村上天皇の寵愛をめぐり、姉妹で泥沼の争いをくり広げた安子と登子

後宮で、天皇の寵愛を得るためには、たとえ姉妹でも容赦がなかった。姉妹で寵愛を奪い合ったのが、平安時代、村上《むらかみ》天皇の後宮にいた藤原安子《あんし》と登子《とうし》である。

姉の安子は、のちに冷泉《れいぜい》天皇となる皇太子を産み、中宮《ちゅうぐう》となった。押しも押さ

れもせぬ後宮のトップである。しかも実家は、摂関家で、兄には兼通《かねみち》、兼家《かねいえ》がいた。

村上天皇の後宮には、多くの女性たちがおり、次々に皇子や皇女を産んだが、皇太子の生母である安子の地位は安泰《あんたい》だった。

そんな安子は、妹思いだったようで、宮中で華やかな宴《うたげ》や催《もよお》しがあると、このきらびやかな世界を妹にも味わわせたいと思い、わざわざ招待してやったのである。

妹の登子は、美貌の持ち主だったが、二〇歳も年上の重明《しげあきら》親王の後妻となっていた。当時の婚姻は、政略結婚がほとんどだったため、一族の繁栄のために嫁《とつ》がされたのだろう。同じ女性として、そんな登子を不憫《ふびん》に思っていたのかもしれない。

村上天皇は、そんな妻の妹を垣間《かいま》見る機会もあったのだろう。やがて天皇は、登子の美しさの虜になってしまったのである。

そのうち天皇は、安子に「そなたの妹はたいそうな美人だと聞いた。そなたの妹なら私にとっても妹だから、一度、会わせてみてくれないか」と、ずうずうしい提案をしたのだった。天皇にいわれては、安子も無下《むげ》には断れない。仕方なくふたりを会わせたが、不安は的中して、天皇は妹にすっかり心を奪《うば》われてしまった。

その後、天皇は、お忍《しの》びで妹の元へ通うようになった。一度や二度、逢瀬《おうせ》を重ねたら熱は冷めるかもしれない、そんな安子の願いもむなしく、天皇の登子に対する思いはますます強くなっていくようだった。

それでも、さすがに安子が存命中は、妹の登子を入内《じゅだい》させることは避けていた。登子にしても夫のある身だったから、さすがの天皇といえども、自分の思いを無理に通すことはできなかったようだ。

やがて安子が亡くなり、登子の夫も死去した。どんな熱愛も、障害がなくなれば冷めるものというが、村上天皇と登子の場合は違った。晴れて登子は、村上天皇の後宮へ迎えられたのである。

もっとも、後宮の女性たちは、そんな登子に対して冷ややかだったという。姉の死を待っていたかのように入内する厚かましさに加え、村上天皇は政治もおろそかになるほど登子に惚《ほ》れ込んでいたため、皆の嫉妬《しっと》を一身に浴びたのだ。また、姉も妹も見境《みさかい》なく後宮に送り込み、天皇の外戚《がいせき》として権力を握ろうとする摂関家のやり方への反発心もあったという。

後継者争いに敗れた祐姫の怨霊は冷泉天皇に取り憑いた…!

第一皇子を産んだにもかかわらず、実家の身分が低いために我が子が皇太子になれずに無念の思いを抱き、ついには怨霊《おんりょう》になって相手を祟《たた》ったという話がある。

その怨霊とは、前項で紹介した村上天皇の中宮・安子と争った藤原元方《もとかた》とその娘・祐姫《すけひめ》である。前項で、安子はのちの冷泉天皇になる皇太子の実母と紹介した。

それは事実だが、じつは冷泉天皇は第一皇子ではなかったのである。ほんのわずかだが、冷泉天皇よりも先に、村上天皇には第一皇子が生まれていた。それが、祐姫の産んだ広平《ひろひら》親王だった。

祐姫の父・元方は、摂関家の藤原家一族とはいえ、南家藤原氏だったため一門の傍流で、身分も中納言《ちゅうなごん》という位だった。いっぽう、安子の父・師輔《もろすけ》は、主流の北家藤原氏で右大臣だった。

そのため、当時の安子は女御《にょうご》、祐姫は女御よりも位の低い更衣《こうい》だった。そこで師輔は、村上天皇に圧力をかけて、第二皇子にもかかわらず、自分の娘が産ん

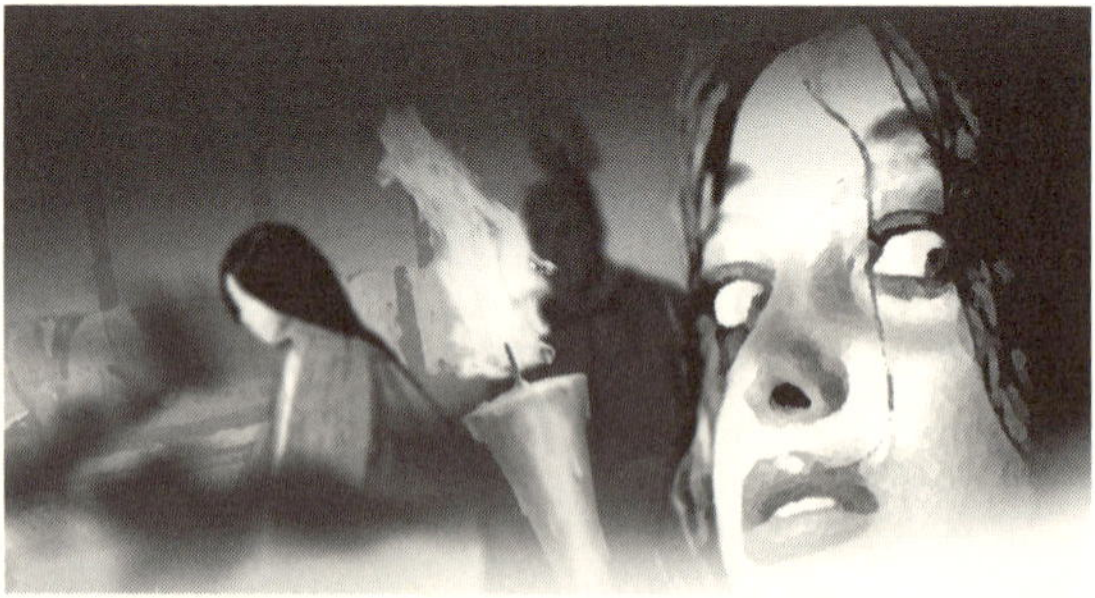

だ皇子の皇太子擁立に成功したのだった。

悲嘆《ひたん》にくれた元方は、心労がたたって他界してしまう。祐姫も、父の無念と運命を共にするように、息子の広平親王ともども死去してしまった。

しかしながら、このあまりにも理不尽《りふじん》な仕打ちに、祐姫らは簡単には成仏できなかったようである。自分たちを陥れ、本来ならば自分たちが享受するはずだった栄華をひとり占めした北家藤原氏を許せず、祟ったのだ。

まず、皇女を産んだばかりの安子が他界した。安子は嫉妬深い女性で、村上天皇が寵愛した祐姫をことのほか目の敵《かたき》にしていたという。また、実家の勢力もさることながら、安子自身も気が強く、後宮の女性たちを牛耳《ぎゅうじ》っていたというから、祐姫は生前、かなりいじめられていたようだ。

その恨みが、一直線に安子に向かったのではないかともいわれている。その後、安子の父、師輔も死去する。師輔が熱望していた摂政に就《つ》く前に死去したため、元方の祟りだと噂になった。

しかし、もっとも人々を恐れされたのは、冷泉天皇への祟りだった。冷泉天皇は美形の好男子だったが、奇行が多く、とても政治を司るような人物ではなかった。

たとえば、蹴毬《けまり》をはじめると夢中になり、まわりが制止してもやめず、足が血だらけになるまで蹴り続けたという。冷泉天皇の皇后は、そんな天皇を嫌い、実家に籠《こも》ったきりで、ほとんど後宮に顔を出さなかったそうだ。

冷泉天皇がこのように奇行に走ったのは、元方・祐姫の祟りだと皆、口々に噂した。元方の怨念はすさまじかったようで、『平家物語』にも恐《おそ》ろしい怨霊として、その名が記されている。

トルコのハーレムでくり広げられた壮絶すぎる皇太后争いとは?

オスマントルコのスルタン(君主)というと独裁者といったイメージが強いが、時代が下るにつれて政治は他人任せ、自分はハーレムでの甘い生活に浸《ひた》りっきりということも少なくなかった。

これは、強大な帝国を築き上げたために自らが戦争に出かけて領土を広げる必要もなく、他国から侵入される危険もあまりなかったためである。

また、長子相続のおきてはなく、前スルタンの棺《ひつぎ》に真っ先にかけつけた者が次期スルタンになるといったあいまいな決まりしかなかったため、熾烈《しれつ》な後継者争いがつねに繰り返され、成人した有能な皇子たちが政敵に殺されることが多かったという。

そのスルタンに代わり、実質的な権力を手中におさめたのは、皇太后だった。トルコでは女性が表に出て政治を行なえなかったが、皇太后は宦官長と結託《けったく》して「スルタンのご意向である」と、宦官長から大臣たちに命を伝えることができた。大臣たちがスルタンに直訴《じきそ》することもできないわけではなかったが、たいていの場合、大臣とスルタンの連絡係は宦官長が務めたからである。

つまり、皇太后になれれば、ハーレムの最高権力者というだけでなく、トルコ帝国の実質的な権力者となれたのである。そのため、皇太后をめぐって壮絶な争いが繰り広げられたのだった。

たとえば、一六世紀のセリム二世の妻ヌルバヌは、セリム二世が死去したとき、ある計略をめぐらせた。セリム二世の死を隠して、ひそかに息子のムラトにだけ伝えて、ムラトが真っ先にセリム二世の棺にかけつけるようにし向けた。こうして息子のムラトをムラト三世としたのである。

また、ムラト三世が、ヴェネチア出身のサフィエを寵愛すると、ヌルバヌは多くの美女を用意して、息子がひとりの女だけに溺《おぼ》れないようにした。そうして、息子を享楽の世界へと誘い込み、ハーレムでの怠惰《たいだ》な生活を送らせ、その間、自分が実権を握ったのである。

しかしながら、ムラト三世が死去した後、スルタンとなったのはサフィエの息子のメフメト三世だった。ヌルバヌの策略でムラト三世には数十名の愛妾、一〇〇名を超える子どもがいたが、サフィエは、皇子たちを皆殺しにし、愛妾たちはトプカプ宮殿から追放して旧宮殿へと追いやってしまった。

そして妊娠中の七人の愛妾は、皇子を産む可能性があるかもしれないとして、全員、袋詰《ふくろづ》めにしてボスポラス海峡《かいきょう》へと投げ込んでしまった。

やがて、三七歳の若さでメフメト三世が死去すると、皇太后のサフィエは失脚して旧宮殿へと追われ、次のスルタンとなったアフメト一世の母であるハンダンが実権を握った。

ところが、アフメト一世が側室のマフフィルズに夢中になると、皇太后のハンダンは、ヌルバヌと同様に、アナスタシアという美女を息子にあてがい、マフフィルズを牽制《けんせい》した。

このように、ハーレムの女性たちは、皇太后になるべく、自分の恋敵《こいがたき》はもちろん息子の女性関係にまで介入して、ほかの勢力をそぎ、自分が権力を握るためにさまざまな陰謀《いんぼう》をめぐらせたのであった。

ルイ14世の寵愛を求め、媚薬や毒薬を駆使したモンテスパン夫人

精力絶倫《ぜつりん》で次から次へと愛人を替え、一七世紀末から一八世紀初頭のフランスを支配した太陽王ルイ一四世。ルイ一四世の愛人には有名な女性が多いが、なかでも美貌だけでなく機知に富《と》んだ会話や策略、陰謀にも長《た》けていたといわれるのがモンテスパン侯爵夫人（以後、モンテスパン夫人）である。

モンテスパン夫人は赤ん坊を生贄《いけにえ》にする黒ミサに傾倒《けいとう》していたといわれているが、媚薬《びやく》や毒薬を効果的につかっていたらしい。当時から噂されていたのが、美しいフォンタンジュ嬢を毒殺したというものだった。

ルイ一四世の寵姫として長年君臨《くんりん》し、七人（八人ともいわれる）の子どもを産んだモンテスパン夫人も四〇歳を超えて、自慢の美貌やスタイルに陰《かげ》りが出てきた。夫人は毎日二～三時間かけて体の手入れを行なうなど必死の努力をしていたが、かつてのような圧倒的な美貌はもはや維持できなくなっていた。

そこにあらわれたのが、地方貴族の娘、マリー・アンジェリック・ド・スコレイユ・ド・ルシユである。彼女は、通称・フォンタンジュ嬢と呼ばれていた。フォン

タンジュ嬢は、幼いころより天使のように美しく、一族皆が必ず王の目に留《と》まるとして、宮廷へ送り込んだ女性だった。大理石のようなきめのこまかい肌、抜群《ばつぐん》のプロポーション、誰もが息をのむほどの美しさだった。

けれども、もっとも人々を魅了したのは、グレーともブルーともいいあらわせない不思議な色合いの美しい瞳《ひとみ》だった。

その瞳を愛したルイ一四世は、瞳の色によく似た真珠をあしらった八頭立ての馬車を贈ったほどだった。ほどなくフォンタンジュ嬢は、ルイ一四世の子どもを出産し、公爵夫人の称号まで贈られた。

これに怒り心頭だったのが、モンテスパン夫人である。二〇歳にも満たない小娘に、自分よりも上の称号があたえられたのである。しかしながら、四〇歳すぎの熟女が、二〇歳そこそこの美しい娘に勝てるはずもなかった。

だが、不思議なことに、フォンタンジュ嬢は、産後すぐにあっけなく死んでしまった。若いフォンタンジュ嬢の突然の死は、人々の好奇心をかきたて、モンテスパン夫人が毒殺したとの噂が流れたのである。

実際、モンテスパン夫人は、毒殺魔として処刑されたラ・ヴォアザン（七七ページ参照）の常連客だったという。

そこで学んだのか、モンテスパン夫人は、ルイ一四世の関心をひくために、王の食事に、赤ん坊の死体から抜き取った血と骨と臓物《ぞうもつ》と、それにヒキガエルとコウモリの肉を混ぜ合わせた怪《あや》しい媚薬を混入していたらしい。その証拠に、王と愛人関係を続けている間は、つねにこの薬を飲ませたために、王はモンテスパン夫人と過ごした朝は必ず頭痛に悩まされていた。

モンテスパン夫人の関与は、限りなくクロに近いグレーだが、スキャンダルによる王室の権威の低下を恐れたルイ一四世は、モンテスパン夫人の罪を追及せず、もみ消したのだといわれている。

ポンパドゥール侯爵夫人がルイ一五世のためにつくった秘密の館って？

王の愛妾になって権力を手に入れる——フランスの野心家の貴婦人にとっては、これがもっとも出世できる手段だったといえる。

たとえばルイ一五世の愛妾になったポンパドゥール侯爵夫人（以後、ポンパドゥール夫人）もそのひとりだ。自らの類《たぐい》まれな美貌で王を魅了し寵愛を受け、宮廷でも強い力をもつひとりにのしあがったのである。

ポンパドゥール夫人の魅力はかなりのものだったようだ。当時の宮廷では、たとえ愛妾であっても貴族出身者であることが最低条件だったが、ポンパドゥール夫人は、ブルジョワ出身で貴族ではなかった。

なんとしても彼女を愛妾にしたいと考えたルイ一五世は、もともとはほかの貴族がつけていたポンパドゥールという名をわざわざ貴族の娘から買い取り、ポンパドゥール夫人にあたえて、愛妾にした。

晴れて王の愛妾になったポンパドゥール夫人だが、じつはここからが問題でもあった。王の寵愛を受けているうちは権力をほしいままにできるが、一度、寵愛を失ってしまえば、途端《とたん》にただの女になってしまう。一夜にして、すべての力をなくしてしまうことも珍《めずら》しくなかった。

ずばぬけた美貌は武器にもなったが、ただ美しいだけでは好色な王が飽《あ》きてしまうのはあきらかだった。そのうえポンパドゥール夫人を悩ませたのが、不感症だった。どんな催淫剤《さいいんざい》を飲んでも、精力剤を服用しても、まったく感じなかったのである。ベッドの上では必死に演技をしているものの、幾度《いくど》かベッドを共にすれば、王に見破られてしまう。

そこで王の寵愛をつなぎとめる苦肉の策として考えついたのが、自分の身代わりに若い娘を次から次へと王に捧げるというものだった。ポンパドゥール夫人はベルサイユに小さな館を買い、ここに王の好みの娘たちを住まわせハーレムをつくったのである。この館は「鹿《しか》の苑《その》」と呼ばれた。

娘たちには、王を満足させるために、さまざまな教育をほどこしたという。庶民の娘が大半だったが、なかには目当ての貴族の娘を誘拐して連れてきたこともあった。つまり、「鹿の苑」は、娼婦《しょうふ》の館のようなものだったのだ。

ポンパドゥール夫人は、このような手段でルイ一五世の寵愛をつなぎとめようとしたが、前項で紹介したようにルイ一五世の父・ルイ一四世の愛妾モンテスパン夫人は、王の心をつなぎとめるために黒魔術の力を借りたといわれている。黒魔術の甲斐《かい》もあってか、モンテスパン夫人はルイ一四世との間に七児（八児ともいわれる）をもうけ、王の寵愛を一身に受けている。

しかし、こうした黒魔術の流行は、ルイ一四世による取り締まりで弾圧されていた。ついに嫌疑をかけられたモンテスパン夫人は、罪を実証されることはなかったが、王の寵愛を失いその地位も失ってしまった。

こうしてみると、ルイ一四世のモンテスパン夫人、ルイ一五世のポンパドゥール夫人と、フランス宮廷では二代続けてずいぶん奇天烈な女性関係が続いたようだ。

夫が褒めた女はすべて敵！李皇后の嫉妬心が引き起こした残虐行為

夫に近づく女性は徹底的に排除する――よくある話だが、その嫉妬《しっと》深さに辟易《へきえき》した夫が、安らぎを求めてほかの女性の元へいくことも同じくらい多い。だが、中国・宋王朝の皇帝光宗《こうそう》は、妻の李皇后の残虐さに恐れをなして、すっかり気力を失ってしまった。

李皇后は、道士が李氏の娘の相を占ったところ皇后になる運命だと出たと評判になり、光宗の父・孝宗《こうそう》自ら、まだ皇太子だった光宗の妻にと決めた娘だった。

ひじょうに美しかったが、気性が荒く、周囲の者から嫌われたので、皇太子の妻にと選んだ孝宗でさえ失敗だったと考え、態度を改めるよう注意したほどだった。李皇后は、のちにそれを恨《うら》み、孝宗と光宗の仲を邪魔することになる。

このように強気の妻に牛耳られていたため、光宗には愛人はいなかった。あるとき、光宗が手を洗おうとすると、ひとりの女官が水を入れた盆《ぼん》を差し出した。そのときの白い手がとても美しかったので、思わず光宗は「きれいな手だな」とつぶやいてしまった。

しかし、これが女官の運命を狂わせる。この出来事は、李皇后の息のかかった宦官によって報告された。怒った李皇后は、翌朝、光宗の食卓にひとつの器を届けさせる。光宗がふたを開けると、そこには血まみれの両手がのせられていた。光宗が女官の手を褒《ほ》めたことに激怒した李皇后の仕打ちだった。

その後、光宗はけっして女性を褒めたり、女性に視線を送ることもしなくなったという。

李皇后のいいなりの光宗を心配し、孝宗は光宗が皇太子だったころに、自分の侍女《じじょ》の黄氏を愛妾にと与えた。当時は皇太子妃だったため、李皇后も孝宗が勧め

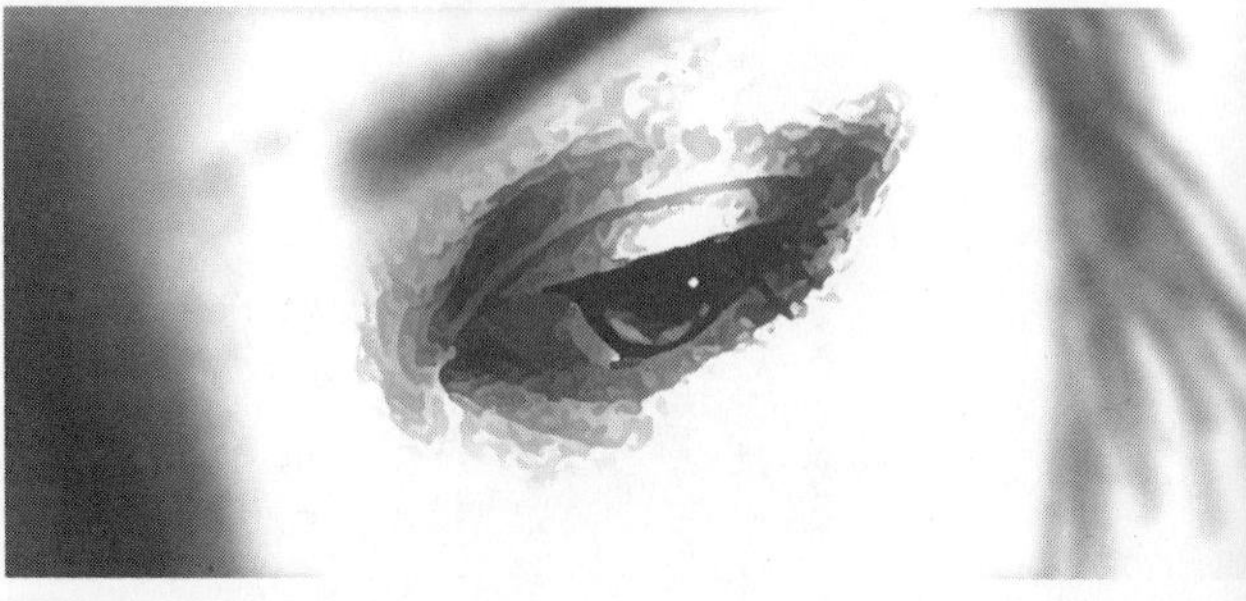

た黄氏の存在の排除はできなかったが、必ずや報復しようと思っていた。

あるとき、李皇后は、光宗が祭礼のために外出したすきを狙《ねら》って黄氏を殺害した。帰ってきた光宗には、素知らぬ顔で黄氏は病死したと伝えたが、光宗には真相がわかっていた。これを境に、光宗はあまりの衝撃で病気になってしまったという。

また、李皇后は自分に説教した孝宗をよく思っていなかったので、光宗が即位するとふたりの仲を裂《さ》こうと、絶対に会わせないように手を尽《つ》くした。

しかし、孝宗が病に倒れたと聞き、さすがの光宗も見舞いに行こうとした。すると李皇后がすかさず出てきて、「今日は寒いので、外出はお控《ひか》えください」といって、けっして外に出さなかったのである。

見かねた役人の陳傅良が「お見舞いにいかなくてはなりません」と忠言すると、「お前は殺されたいのか」と李皇后が恫喝《どうかつ》したという。女性の嫉妬は怖いとはいうものの、李皇后の嫉妬深さは怖いというレベルをはるかに超えていたようである。

皇帝の愛妾の子どもを次々と殺害…五〇歳を超えた熟女の恐るべき執念

三〇年近く後宮にいたにもかかわらず、まったく皇帝の寵愛を受けることがなかった熟女が、ある日突然、皇帝の目に留まり寵姫になる。そんな奇跡のようなことを実現したのが、中国・明《みん》王朝の後宮にいた万貴妃である。皇帝・憲宗《けんそう》の寵愛により、五〇歳近くになって貴妃の位にまで上りつめたのである。

万貴妃が皇帝の目に留まったのは、まったくの偶然からだった。たまたま同僚とふざけていた万貴妃は、池に落ちてしまった。そこへ憲宗が通りかかったのである。このとき万貴妃は、四〇代後半だったといわれている。憲宗は、濡《ぬ》れた薄絹《うすぎぬ》がはりついた妖艶《ようえん》な熟女の姿に魅《み》せられてしまい、以来、万貴妃を寵愛するようになったのである。憲宗は二〇歳くらいだったため、親子といってもいい組み合わせだった。

不思議に思った憲宗の母である皇太后が、「いったい万のどこがお気に召したのですか?」と尋ねると、憲宗は「万といると心が落ち着くのです」と答えたという。しっとりとした熟女の魅力にハマったようだった。

しかし、大人の男になるにしたがって、若い女性の魅力にも目を向けるようになるものである。憲宗も例外ではなく、やがて多くの愛妾をもつようになった。

子どもを産むには年をとりすぎていた、あるいはひとり子どもを授《さず》かったものの、その子がすぐに死んでしまったと諸説あるが、万貴妃には憲宗の子どもがいなかったのはたしかだ。

やがて、万貴妃の怒りは、次々と憲宗の子どもを産む、後宮の女性たちに向けられた。なんと妊娠した愛妾がいると折檻《せっかん》して流産させたのである。運よく万貴妃の妨害《ぼうがい》にも耐《た》えて子どもを出産しても、皇子たちは皆、毒を盛《も》られて殺されてしまった。そのため、憲宗には世継がいつまでたってもいなかったのである。

ところが、ある女官が憲宗と一夜を共にして妊娠した。一夜限りのことなので、その女官は愛妾に列せられることはなかったが、なぜかこれを知った万貴妃は、張という宦官に調べにいかせた。女官を哀《あわ》れに思った張は、ひそかに赤ん坊を連れ出して養育し、もちろん万貴妃には、死産だったと報告した。

六年後、その子どもは晴れて憲宗に迎えられて皇太子となった。憲宗自身も六年間、世継が存在するとは知らずに過ごしていたのである。この皇太子は、のちに孝宗となり、憲宗は、孝宗の実母である女官を迎えて淑妃の称号をあたえた。

しかし、万貴妃には〝あきらめ〟という感情はなかったようである。六歳にもなった皇太子の暗殺をくわだてたのである。結局、皇太子は警戒して万貴妃がすすめるものには一切口をつけなかったので、無事に成人することができた。しかし母の淑妃は、万貴妃に盛られた毒で亡くなるという悲劇に見舞われてしまったのである。

女の嫉妬はいくつになっても恐ろしいものである。

秘密の花園に大潜入！③

後宮のトイレ事情、中国と日本はこう違う！

後宮では、さまざまな官女たちが后《きさき》の世話をしたが、そのなかにはトイレ係もあった。

たとえば、中国の清朝の西太后《せいたいこう》が、トイレに行きたくなると、まず宦官《かんがん》長である太監《たいかん》に伝えた。すると、太監はそれを宦官に伝え、宦官からトイレ係の宮女に伝わった。じつは、清朝の後宮では、トイレは西太后がもよおすたびに運び込まれる移動式だったのだ。

まず居宮外からトイレが居宮へ運び込まれ、居宮の門でトイレ係の宮女がそれを受け取り、西太后の部屋へ運び入れるといった具合だった。

西太后が用を足すと、逆の順序でトイレは居宮外へと運び去られた。この間、西太后の排泄物《はいせつぶつ》の臭気が漂《ただよ》わないように、香木《こうぼく》のチップスが詰《つ》められた。そのときトイレの運び屋である宦官は、トイレを絹《きぬ》の布でおおい、それを頭上に掲《かか》げて運んだという。

それにしても、西太后がもよおすたびに、トイレが西太后の部屋や居宮、あるいはその外まで行ったり来たりしていたのである。ずいぶんと面倒なシステムだったといえる。

では、日本の大奥の御台所《みだいどころ》（将軍の正室）のトイレ事情はどうだったのだろうか。西太后のような移動式のトイレではなく、御台所専用のトイレが設置されていた。それは、御台所の排泄物を人目にさらすことがないようにといった配慮《はいりょ》から、約一八メートルもの深い穴となっていて、他のトイレのように汲《く》み取り式にはなっていなかった。

この専用トイレが満杯になると、そこは土をかけて閉鎖《へいさ》し、新たに御台所用のトイレが掘《ほ》られた。

御台所のトイレは二畳間ほどの広さだったが、そのすぐ横にはトイレ係が控《ひか》えていた。一応、御台所が用を足す姿が見られないようにとの配慮から、トイレ係が控える場所とトイレとの間はついたてで仕切られていた。

そして、御台所が用を足したあと、その始末をするのがトイレ係の役目だった。つまり、御台所が自分の手で紙を用いて拭《ふ》くことはなかったのである。

清の皇帝は、決められた日以外はイッてはならない!

大国・清の皇帝ともなると、多くの美女を侍《はべ》らせて、毎夜毎夜、素敵《すてき》な夜を過ごしている。そんなふうに誰もが思うところだが、じつは皇帝は、ある苦行《くぎょう》を強いられていたのである。

その苦行とは、一か月のうち、五日間しか射精をしてはならないというものだった。では、皇帝は一か月に五日しか美女と夜を過ごさなかったかというとそうではない。多くの後宮の女性たちを相手にすることが務めとされたから、毎夜裸の美女と戯《たわむ》れなければならない。しかし、最後の一線ともいうべき射精だけはご法度《はっと》だったのである。

　本来、世継《よつぎ》をはじめとして、多くの子孫をつくることが皇帝の義務とされたから、これはその原則に逆行する。それでも順守しなければならなかったのは、道教的な思想によるものだった。男性の精液には、多くのエネルギーがあると信じられていたのである。

　そのため、このエネルギーをむざむざ外へほとばしらせてしまうのはとてももったいないとされた。そこで、なんとかエネルギーの放出を防ぐ策として考え出されたのが、セックスはしても射精はしないというものだった。

　したがって、中国では、いくらセックスをしても、エネルギーを惜《お》しんで射精をしないのが理想とされた。

　なかなか射精をせず、エネルギーを体内に蓄積《ちくせき》すればするほど長生きすると思われていた。そのため、皇帝が射精を許されたのは、一か月のうちわずか五日間に限られてしまったのである。

　この思想は、かなり昔から信じられていたようだ。二〇〇〇年前の漢代の記録によると、セックス一度に対して射精を我慢できれば、耳がよく聞こえ、目がよく見えるようになる。

　二度しても射精しなければ、声にはりが出る。三度しても射清しなければ、肌が玉のように光るというように、セックスの回数にあわせて射精を我慢する効用が書かれていた。ちなみに、九度のセックスでも射精が我慢できれば、神明《しんめい》の境地に入ったことになるそうだ。

4 歴史に名を刻む稀代の悪女

その冷血非道ぶりは国家をも揺さぶった——

村人全員を人肉ミンチにして貪り食ったアフリカの女王――ジンガ

ハーレムをつくるのが男だけだと思ったら大間違いだ。一七世紀にアフリカ南西部で栄華を極めたアンゴラ帝国の女王ジンガは、自らの欲望を満たすために、全国からたくましくて見栄《みば》えのいい男を集めてハーレムをつくったのである。

しかも、彼女は男たちにSMまがいのセックスを強要。男の体から血がほとばしる様子を見ると異常に興奮する性癖の持ち主だったジンガは、男たちをムチで打ったり、釘《くぎ》や針を突き刺したり、刃物で肉をえぐったりと、やりたい放題だった。男たちは苦しみながらもひたすら彼女に奉仕し、激しいセックスに耐《た》え抜いたが、結局はお役目が終われば殺されてしまったという。

ときには、とくにたくましい男を二〇人選んで牢獄《ろうごく》から連れ出し、自分の前で死ぬまで戦わせたりもした。生き残った男が許されるかというと、そうではない。勝った者はジンガの前に引き出されて、今度はジンガ自らがムチをもって、その男が死ぬまで打ち続けたのである。

王族の娘として生まれ、幼いころからやりたい放題、わがままいっぱいで育ったジンガは、一六三七年に自分の兄を殺して王位についた女性だ。その後、国のすべてを手に入れるには余計な身内は不要だとして、夫や自分の子どもまでも国外に追放し、女王として君臨《くんりん》した。誰一人咎《とが》める者のいないなかで勝手気ままな治世を行なったのである。

ジンガの残虐《ざんぎゃく》さは、男たちに対してだけ行なわれたのではなかった。あるとき、地方を巡業中だったジンガは、ひとりの農民のささいな過《あやま》ちに激怒し、その農民ばかりか村人六〇〇人全員を捕縛《ほばく》して宮殿へと連れ帰ると、そのまま全員を牢屋《ろうや》に放り込んだのだ。

村人のなかには老人や子どもも数多く混じっていたが、彼女はそんなことはおかまいなし。何日間も食事も水もあたえずに閉じ込めておいたかと思うと、ある日、全員を宮殿の中庭に引き立てた。

そこに用意されていたのは、巨大な石の粉ひき機。住民全員を一列に並べたジンガは、全員を裸にさせ、粉ひき機のなかに次々と投げ込ませたのである。

耳を防ぎたくなるような悲鳴を上げながら、次々にひき潰《つぶ》されていく村人たち。哀《あわ》れな犠牲《ぎせい》者から搾《しぼ》り取られた血は大きなたらいに注《そそ》がれ、ジンガはそれをおいしそうに飲みほしたかと思うと、ミンチ状になった人肉をむしゃむしゃと食べたので

ある。当時、人間の生き血を飲むと老《お》いを防げるという言い伝えがあったためだが、ジンガはこの人肉ミンチを大いに気に入ったようで、これに味をしめて、次には一三〇人の子どもを集めてきてミンチにし、二日間ですべて食べてしまったともいわれている。

あまりにも残虐、極悪非道の女王だが、このジンガは、結局生涯《しょうがい》誰からも咎《とが》められることも、バチが当たることもなく、好き放題をやりつづけた。そのうえ、平均寿命が約四〇歳の時代にあって、六〇歳まで生きたというから、なんともやるせない話である。

バツイチ子持ちから大帝国の支配者にまで成り上がった女——ヌール・ジャハーン

一七世紀のインド・ムガール帝国繁栄の陰《かげ》には、あるひとりの偉大な女性の尽《じん》力《りょく》があった。

ムガール帝国の第四代皇帝・ジャハーンギールは、政治や軍事にあまり関心がなく、文学や芸術、絵画などにのめり込んでいた。しかも、酒が大好きで、アヘンに溺《おぼ》れ、その性格は残虐。反逆した息子・フスローの兵士七〇〇人を串刺《くしざ》しの刑にしたほどである。おまけに、かなりの好色で、一八歳の皇子時代にはすでに二〇人近い妃《きさき》と三〇〇人余《あま》りの侍妾《じしょう》を抱《かか》えており、彼ほど色好みの皇帝は、先にもあとにもいなかったといわれるほどだ。

しかし、このような皇帝でありながら、彼の治世時代、ムガール帝国は大きな問題もなく、平和に過ぎた。それもこれも、すべてはヌール・ジャハーンがいたからである。ヌール・ジャハーンは、元の名をメフルン・ニサーといい、ジャハーンギールが三六歳のときに新しく迎えた妻である。新妻とはいえ、このとき彼女はすでに二九歳。しかも、ひとりの娘をもつ未亡人だった。

ジャハーンギールの母親、サリマ・スルターンのもとに出仕していたところをジャハーンギールに見染《みそ》められ、四年後に結婚。このときニサーの母親は、娘に「夫に献身的に仕《つか》えなさい。それが妻としての幸せの道です」という言葉を贈った。皇帝の元へ嫁《とつ》ぐ娘に、あくまで普通の妻としての心構えを諭《さと》したのだ。

そして、彼女はこの言葉を守り、ジャハーンギールに心から仕えた。その献身的な姿にジャハーンギールはすっかり感動し、彼女を溺愛《できあい》。ニサーはたちまち第一皇妃の座をつかみ、ヌール・ジャハーン（世界の光）の称号を得ることになったのである。

しかし、彼女の献身的な良妻ぶりは、もしかしたら権力を手に入れるための手段だったのかもしれない。

彼女はすばらしい美貌の持ち主であるとともに、非常に聡明《そうめい》で、才気煥発《かんぱつ》、しかも行動的で度胸のある女性でもあった。夫に自分を完全に信頼させたヌール・ジャハーンは、少しずつ政治に口を出すようになり、やがて国政のすべてを取り仕切るようになった。自分ですべてを決め、最後に皇帝に報告して承認を受けるだけ。皇帝はただの傀儡《かいらい》にすぎない存在となったのだ。

こうして最大の権力を得たヌール・ジャハーンだが、自分の権力を強大化させるために取り立てた弟アーサフ・ハーンにその座を奪われることになる。娘を第三皇子シャー・ジャハーンと結婚させたアーサフ・ハーンは、ジャハーンギールが五八歳で死亡すると、姉を政治の舞台から引きずり下ろし、娘婿シャー・ジャハーンを第五代ムガール皇帝に即位させるのである。

政治の舞台から引きずり下ろされたヌール・ジャハーンは、その後夫の魂を守りながら、神への祈りと瞑想《めいそう》の日々を送り、毎年二〇万ルピーを貧しい人々に喜捨《きしゃ》し続け、夫から遅れること一八年後にこの世を去ったといわれている。

男装して政治を取り仕切った古代エジプトの女傑

ハトシェプスト

古代エジプト王家には、王位継承権は第一皇女がもつという慣習があった。王は自分の後継者を指名し、指名された人物は、第一皇女と結婚することで王となることができるのだ。

エジプト王朝の第一八代ファラオ・トトメス一世が死亡した際に王位継承権をもっていたのは、トトメス一世と王妃イアフメスとの間に生まれたハトシェプストである。王はトトメス二世を後継者に指名。トトメス二世はハトシェプストと結婚して王座についた。

ところが、このトトメス二世は、幼いころから父親に帝王学を仕込まれたにもかかわらず、なんとも意志薄弱で優柔不断な人物だった。それに対し、ハトシェプストは相当な女傑《じょけつ》で、かなりの野心家。

このふたりが結婚したのだから、夫が隅《すみ》に追いやられるのは避けられず、トトメス二世はハトシェプストのいいなりとなった。ハトシェプストにすれば、夫が情《なさ》けないから自分が頑張るしかなかったということになるのかもしれないが、とにかくすべての政治を彼女が仕切ったのである。

紀元前一五〇四年にトトメス二世はわずか在位一四年で病死したが、次の王位継承者がハトシェプストとの間に生まれた娘ネフェルゥラーで、王の後継者に指名されたのがわずか六歳のトトメス三世だったこともあり、ハトシェプストは自ら後見人におさまり、摂政《せっしょう》として政治を仕切り続けた。そして、ここからが彼女の本領発揮である。

最初は、あくまで摂政として後ろに控えていたが、そのうち次第に表舞台に出るようになり、つけひげをつけて男のように振るまい、ついには自ら王座にのぼって「我こそがエジプトのファラオなり」と宣言したのである。

男装の王など前代未聞《ぜんだいみもん》だが、彼女は大臣センムトの支持を得て王として振るまった。センムトはもとはネフェルゥラーの養育係として雇《やと》われた人物だが、一説にはハトシェプストはセンムトと男女の関係をもち、大臣に指名して自分を支持させ、王として政治を動かしたといわれている。

やがてトトメス三世が成人すると、単に後見人である立場のハトシェプストは引退するのが普通だが、彼女はそれでも引かなかった。

ちょうど娘・ネフェルゥラーが死亡したこともあり、トトメス三世とハトシェプストは共同統治宣言をし、ふたりで政治を行ない始めた。

このころハトシェプストとセンムトの間にはなんらかのトラブルがあったようで、ふたりの仲は破局。重要な後ろ盾《だて》を失ったハトシェプストは、娘婿であるトトメス三世に婚姻《こんいん》を迫ったともいわれているが、拒絶

されたために共同統治という形に落ち着いたという説もある。

ハトシェプストは治世二二年でこの世を去り、その後はトトメス三世の単独統治時代となった。トトメス三世は、その後、歴史的な記録からハトシェプストの記録を削除し、ディール・アル＝バハリのハトシェプスト葬祭殿からも、ほとんどのハトシェプストの像が引き倒され、粉々に破壊されたという。

ただ、ハトシェプストと思われる人物を描いた落書きがひとつ残っているのだが、その姿は、王の頭飾《かざ》りをつけた女性と犬のような性交をしている男性の姿だ。これはハトシェプストとセンムトの性交の場面を描いた落書きだといわれている。トトメス三世は、なぜかこの落書きだけは破壊しなかったようである。

誘拐され、トルコのハーレムに売られたフランス貴族が歩んだ数奇な運命――エーメ

一七八四年、アルジェリア沿岸で、あるスペインの商船が海賊《かいぞく》に襲われた。金銀は奪われ、乗客はすべて捕虜《ほりょ》にされ、女は奴隷《どれい》としてオスマントルコのハーレムに売られた。そのなかに、誰もが目を見張るほどの美しさと、凛《りん》とした気品をもつ若い女性がいた。フランス領植民地マルチニック島の貴族の娘、エーメである。

淑女《しゅくじょ》としての教育を受けるために、北フランス・ナントの修道院で八年間に及ぶ留学生活を送っていた彼女は、この日、帰国のためにこのスペイン商船に乗っていたのである。当時二一歳。その美しさにより、彼女はトルコのスルタン（君主）、アブドル・ハミト一世に献上された。

こうしてエーメは、貴族の娘でありながら、ハーレムの女奴隷となってしまったのである。カトリック教徒として修道院で厳格にしつけられたエーメにとって、裸同然の格好でスルタンの寵愛《ちょうあい》を待つだけの日々は、さぞかし耐えられない屈辱《くつじょく》だったことだろう。

しかし、泣いてばかりいても仕方がない。逃げることが無理なら、少しでも晴れやかに生きたほうがいいとエーメは決心したのだ。それからは、エーメは自分の美貌を最大限に利用してスルタンに奉仕し、見事アブドル・ハミト一世を虜《とりこ》にしてしまったのである。

こうしてハミト一世の寵愛を受け、やがて皇子マフムトを出産したエーメは、ハミト一世や、その妃で、トルコの近代化を願っていたコーカサス皇后、さらにはその息子で、ハミト一世亡き後皇位についたセリム三世の庇護《ひご》をうけて、トルコ帝国内での権力を強めていった。

やがて一八〇八年には、エーメの息子マフムトが、マフムト二世として即位。マフムトは、母を崇拝《すうはい》し、彼女を摂政として、国政の一切を任せた。二五年前に女奴隷のひとりだった女性が、オスマン帝国の皇太后として、押しも押されもせぬ権力を握ったのだ。

摂政となったエーメは、当時、ヨーロッパ諸国と戦争状態になったフランスを全面支持した。じつは、当時のフランス皇帝ナポレオンの妻ジョセフィーヌは、エーメが妹のようにかわいがっていた従姉妹《いとこ》だったのである。

しかし、エーメはあくまで身分を隠していたから、ナポレオンはそんなことなど知るよしもなく、一八〇九年、ナポレオンは、オーストリア皇女と結婚するために、ジョセフィーヌを離縁してしまったのだ。

これを知ったエーメは激怒し、モスクワ進撃中のナポレオン軍がロシア国境へ侵入したその日に、長年黒海の支配をめぐって戦っていたロシアとの休戦に踏み切った。これでトルコから兵を引き揚げることができたロシア軍は、自領深く攻め入っていたナポレオン軍を撃退。敗北を喫《きっ》したナポレオンは、没落の道を歩むことになるのである。

それから数年後の一八一七年、エーメは、五三歳でその数奇な人生を終えた。奴隷になって以来、一度もフランスの土を踏むことも、ジョセフィーヌや家族に名乗り出ることもなく、異国の地でその生涯を閉じたのである。

夫の愛妾に行なった身の毛もよだつ「人豚」の仕打ちとは――呂后

呂后《りょこう》は、漢帝国の初代皇帝劉邦《りゅうほう》の妻である。劉邦がまだ下《した》っ端《ぱ》役人だった時代に結婚し、夫が漢の高祖となるまでともに苦労し、支えてきた女性だ。

しかし、糟糠《そうこう》の妻と呼ぶには、呂后はあまりにも残虐な女性だった。高祖になった劉邦をそそのかして、それまで漢の建国を助けてきた功臣を次々に抹殺《まっさつ》。劉邦の三傑といわれたひとり、韓信《かんしん》が謀反《むほん》の恐れがあるとして処刑された際には、その父母から妻子、兄弟まですべて皆殺しにするように指示をした。

同じく功臣の彭越《ほうえつ》も、劉邦を説得して殺させた挙句《あげく》、彭越の三族全員を皆殺しにしたばかりでなく、彭越の肉を切り刻《きざ》んで塩辛にし、諸侯に配ったという。

この呂后がその残酷さの本領を発揮したのは、劉邦の妾《めかけ》、戚《せき》夫人に対してだった。漢の高祖となった劉邦は、次々と新しい女と関係したが、そのなかでも特にかわいがったのが戚夫人である。

高祖の女遊びについては、呂后は嫉妬《しっと》で怒り狂いつつも、ある程度は黙認するしかなかったが、戚夫人だけはとても見過ごすことができなかった。高祖は戚夫人を愛するがあまり、戚夫人が産んだ息子・如意をことのほかかわいがり、呂后の息子で、すでに皇太子に決まっていた盈《えい》と如意の立場を入れ替えようとしたからである。

これに激怒した呂后は、劉邦の名軍師だった張良《ちょうりょう》に相談して高祖を思いとどまらせたものの、その後も戚夫人と如意に対する怒りはおさまらなかった。高祖が他界し、盈が即位して恵帝となると、戚夫人を捕《と》らえて後宮内の獄舎に閉じ込め、髪の毛を切って手足に枷《かせ》をつけて牛馬のように臼《うす》をひかせたのである。

さらに趙《ちょう》で王となっていた戚夫人の息子・如意を欺《あざむ》き捕らえて都に呼び寄せ、暗殺を企《くわだ》てた。それを察知した心優しい恵帝は、一時も如意をそばから離さず守りつづけたが、ある日、恵帝が早起きして狩りに出かけたすきに、如意は呂后によって毒殺されてしまった。

如意を殺した呂后は、獄舎にいる戚夫人の元を訪れて「お前の息子は死んだ」と告げ、それを聞いた戚夫人が恨《うら》みの言葉を投げつけると、戚夫人を裸にさせたうえで足を広げさせ、「ここが先帝をたぶらかした穴か」といって踏みつけたかと思うと、数日後には凶悪な罪人ふたりに戚夫人を好き勝手に弄《もてあそ》ばせた。

しかし、呂后の復讐《ふくしゅう》はまだ終わらない。戚夫人に口をきけなくする薬を飲ませ、耳に硫黄《いおう》を詰めて聞こえなくし、目をくりぬき、その上で両手両足を切断し、豚小屋を兼《か》ねた便所へ転がして、人豚と呼んだというのだからすさまじい。

その後、呂后から「便所におもしろいものがあるから見てこい」といわれた恵帝は、ただうごめいているだけの物体が戚夫人だと知って慟哭《どうこく》し、「これは人のすることではない。その母上の子である私には天下を治めることなどできない」といって、一切政治を行なわなくなり、飲酒淫楽《いんらん》に耽《ふけ》り、やがて体を壊して二四歳という若さで生涯を閉じた。心優しい息子・恵帝もまた、呂后の被害者だったといえる。

皇后になるためには我が子さえ殺し、ライバルは酒漬けに…——則天武后

中国史上唯一の女帝が則天武后《そくてんぶこう》である。名前を武照《ぶしょう》といい、もともとは商人の娘にすぎなかった。唐《とう》の第二代皇帝・太宗《たいそう》の後宮に入り、ほどなくして太宗が死んだ後は、ほかの宮女と一緒に尼寺に入ったが、なんとその三年後、太宗の息子で、第三代皇帝・高宗《こうそう》の後宮に召し出されたのである。高宗にとっては父親の〝お古〟というわけで、これはかなり珍《めずら》しいことだが、武照を後宮に入れたのは、高宗の正

妻である王氏である。

当時、高宗は蕭《しょう》氏という女性に夢中で、皇后王氏はこれをおもしろく思っていなかったのだ。高宗の寵愛をひとり占めしている蕭氏をなんとか追い落としたいと考えた王氏は、高宗が気に入りそうな武照を後宮に入れて、高宗の興味を分散させようと考えたのだ。

ところが、これが王氏にとって完全に裏目に出た。武照と高宗はよほど相性がよかったのか、今度は高宗は武照に夢中になり、まったくほかをかえりみなくなったのだ。武照は非常に権力欲が強いうえ、頭もよかったから、後宮内の女中や重臣たちを次々と味方につけ、宮廷内に自らのネットワークをびっしりとめぐらせたうえで、なんと王氏を追い落として、自分が妃におさまろうと目論《もくろ》んだのである。

そこで武照がとった行動は凄《すさ》まじかった。武照は、自分が産んだばかりのわが子の顔を布団《ふとん》でおおって窒息《ちっそく》死させ、それを、その直前に見舞いに訪れた王氏の仕業《しわざ》に見せかけたのである。

まさか母親が出世のために赤ん坊を殺すなどと誰も想像もしないから、人々はその直前に見舞いに訪れ、ひとりで赤ん坊と対面した王氏を疑った。彼女は必死で弁解したが、犯人ではないという証拠がなく、結局、高宗は王氏を廃位にし、その後《あと》釜《がま》として、お気に入りの武照を妃としたのである。

こうして則天武后となった武照は、王氏と蕭氏の位を奪い、幽閉《ゆうへい》した。高宗がふたりを哀れに思い、救おうとしたと知った武后は激昂《げっこう》し、ふたりを泉水まで引っ立て、水中に蹴り入れさせた。

このとき、ふたりが「この恨《うら》みは死んでも晴らしてやる」と叫ぶと、今度はふたりを百叩《たた》きの刑にしたうえで、「仇をうたないよう、酒瓶に漬《つ》けて芯《しん》から酔《よ》わせてしまえ」と命令し、ふたりの手足を切り取って、酒漬けにして殺してしまったのだ。

やがて高宗が死ぬと、武后はわが子・中宗を即位させるが、それでは満足できず、六九〇年には自ら帝位について、国号を周と改めた。

周代には如意という元号があるが、実はこれ、彼女が七二歳のときにかわいがっていた愛人の名前である。武后は相当な男好きで、しかも巨根好き。若いころから大勢の愛人をもっていたといわれているが、そのなかでもとびきりお気に入りだった愛人が「如意君」だ。

彼にはもともと別の名前があったのだが、下半身がとにかく立派で、すこぶるよかったために、「如意君」というあだ名で呼んでいたのだという。巨根で世に名を残した、男冥利《みょうり》に尽《つ》きる（?）人物である。

美少年を誘拐し、夜な夜な淫蕩にふけった自堕落な女——賈后

二世紀末、西晋《せいしん》の時代のことである。あるとき、首都・洛陽で盗難事件が頻発《ひんぱつ》し、捜査が行なわれたところ、検察庁の雑務係の青年が浮かび上がってきた。薄給な職業だから、生活に汲々《きゅうきゅう》としているのが普通なのに、彼が最近やたらきらびやかな服を着ており、突然羽振りが良くなったというのだ。

ところが連行されて取り調べを受けた青年は、次のような不思議な話をして弁明したのである。

ある日、外にいたところ、ひとりの老婆《ろうば》に声をかけられ、「家に病人がいるのだが、占い師によると、たくましい青年を連れてくれば邪気が鎮《しず》められるといわれたので、ぜひ一緒に来てほしい」と頼まれた。お金を支払うというので青年が承諾すると、大きな箱に入れられ、車に乗せられてどこかへと運ばれた。

箱から出されると、そこは大宮殿で、身を清《きよ》められた青年は、いままで食べたこともないような御馳走《ごちそう》を振るまわれ、満腹になると、目の前に三五、六歳の婦人が現れたというのだ。それから数日間、彼は毎晩婦人の相手をし、別れの

際に金銀と豪華な洋服をプレゼントされたという。

その婦人が、眉《まゆ》の上に傷があり、肌は浅黒く、身長の低い女性だったと青年がいうと、取調官全員が苦笑し、青年はそのまま無罪放免《ほうめん》となった。

この三五、六歳の女性というのが、当時の西晋の恵帝《けいてい》の妻・賈《か》后である。賈后は、西晋王朝を立てる際に敏腕《びんわん》をふるって貢献《こうけん》した賈充の娘で、恵帝が即位すると、甥《おい》の賈謐と手を組んで次々と敵対者を抹殺《まっさつ》し、たちまち実権を掌握《しょうあく》した。

結婚に際し、恵帝の父である武帝（司馬炎《しばえん》）は、「賈家の血筋は嫉妬深くて、男子が少なく、おまけにあの娘は器量が悪くチビで肌が黒い」として反対したという

逸話《いつわ》が残っているが、まさに武帝がいうとおりの女性で、恵帝の子どもをほかの女性が身ごもると、その女性を殴打《おうだ》して流産させるなど朝飯前。権力欲も非常に強く、恵帝が愚鈍《ぐどん》な人物なのをいいことに、西晋王朝を支配した。

この賈后は淫蕩癖《いんとうへき》があったことでも有名で、とにかく男好きだった。愚鈍な夫では満足できず、美少年を連れ去っては、宮廷内で夜な夜なセックスに励《はげ》んだのである。くだんの青年は無事に解放されたが、大抵の若者は口封じのために散々弄ばれた挙句に殺害されたといわれ、まさにやりたい放題の困った女性だったのである。

結局、淫蕩と敵対者の抹殺に熱中している間に宮廷内で孤立無援《こりつむえん》となり、三〇〇年、西晋王朝の一族が起こしたクーデターで殺害された。その後、中国は三〇〇年にわたる南北分裂の時代に突入するが、賈后はその暗黒時代の呼び水となった女性だったともいえるだろう。

姉はスレンダーで妹はグラマー、違った魅力で皇帝を虜にした！――趙姉妹

後宮で長く権勢を振るうのは、至難《しなん》の業である。なぜなら、その権力のもとは皇帝の寵愛だが、どんなに素晴らしい美女でも、ながらく皇帝を虜にするのは難しい

からである。

そんな後宮で生き抜くために姉妹で力を合わせたのが、はるか二〇〇〇年以上も前の前漢時代の趙《ちょう》姉妹だった。

趙姉妹が仕えたのは前漢の成帝だった。成帝は、まったく政治に関心はなく、酒や女性をこよなく愛する男性だった。そのため後宮に入り浸《びた》っており、寵愛する美姫も次々と変わった。それでも後宮の美女だけでは飽《あ》き足りず、お忍《しの》びで町へ出かけては、好みの美女を物色するありさまだった。

その成帝の目に留まったのが、成帝の姉の家に仕えていた趙姉妹だった。姉は、ほっそりとしたスレンダー美女で、その見事な踊りから、「まるで飛んでいるようだ」として、飛燕《ひえん》と呼ばれていた。妹の合徳《がっとく》は豊満な肉体をしたグラマー美女で、その歌声は素晴らしく、心をとかすようだった。そのうえ肉感的な美女で、その女性らしい曲線美で男性たちを虜にしていた。

この対象的な姉妹をひと目見て気に入った成帝は、姉妹の身分が低いのもかまわず、後宮に入れた。やがてすっかり姉妹に入れ込んだ成帝は、姉の飛燕を皇后に、妹の合徳は、寵姫の最高位である昭儀《しょうぎ》にまで出世させた。後宮は、この趙姉妹の思うままとなった。

しかしながら、趙姉妹が唯一思いどおりにできなかったのが子どもである。成帝に寵愛されているにもかかわらず、ふたりのどちらも懐妊《かいにん》しなかった。いっぽうで、ほかの寵姫が懐妊することがあった。

すると、姉妹は、ほかの女性が産んだ子どもをひそかに殺したという。成帝は、その事実を知っていたが、それでも二人を咎《とが》めることはしなかった。それほど二人に溺《おぼ》れていたのである。

また、姉の飛燕には不思議な力が備《そな》わっており、成帝との初夜の際、飛燕の体はとっくに男性を知る身だったが、性的な秘術によって処女へ変身したという。飛燕はその性的な秘術を活《い》かし、また妹の合徳は「温柔郷《おんじゅうきょう》」（あたたかくやわらかな故郷）の異名をもつ肉体を活かし、移り気な成帝の心を十数年にわたり、ふたりで独占したのだった。

ところが、成帝が精力剤の飲み過ぎで急死すると、その夜の床《とこ》の相手だった妹の合徳は、過失を問われて死罪となってしまった。

姉の飛燕は、成帝の死後、皇太后の地位にとどまったが、成帝の跡を継いだ哀帝《あいてい》が在位六年で亡くなると後ろ盾をなくし、いままでの罪を暴《あば》かれて死罪となったのである。

将軍におねだりして大寺院をつくらせた女の哀れな結末

お美代の方

「ねえ、私、お寺を建ててほしいの。お願い」

といったかどうかは定かではないが、一八三四（天保五）年、江戸城大奥で、当時の将軍・徳川家斉《いえなり》の側室・お美代は、家斉に寺を建ててほしいと頼んだ。お美代にメロメロだった家斉はこれを快諾《かいだく》。その二年後の一八三六（天保七）年、江戸の雑司ヶ谷《ぞうしがや》に感応寺が完成した。

本堂をはじめ、五重塔、経堂、鐘楼《しょうろう》、庫裡《くり》僧坊、書院、釈迦《しゃか》堂、鎮守堂、宝蔵、総門、山門、中門など数多くの建築物が林立し、その豪華さに江戸中が注目したといわれる。

この感応寺は幕府の祈禱《きとう》所に指定され、その住職となったのが、江戸・牛込《うしごめ》にある仏性寺の一祈禱師にすぎなかった僧・日啓という人物。彼はいきなり単独で将軍に拝謁《はいえつ》することができる独礼の特権を許されるほどの破格の昇進を遂《と》げたのだ。

じつはこの日啓というのは、お美代のじつの父親。お美代はずば抜けた美貌の持ち主で、御小姓《こしょう》組・中野清武に奉公中に、その美貌に目をつけた中野清武が自分の養女にしたうえで、家斉に差し出したのである。大奥に入ったお美代は、その美貌で、並みいる女性たちを押しのけ、あっという間に家斉のお手付きになることに成功したのだ。

六九年の生涯で側室四〇人、五五人の子女をもうけた歴代将軍トップの漁色家《ぎょしょくか》といわれた家斉は、一度床を共にした途端、お美代にぞっこん。お美代は女の子ばかり産んで世継ぎに恵まれなかったにもかかわらず、家斉の寵愛を受け続けたのだ。

その大好きなお美代に、甘くおねだりされたのだから、家斉はすっかりお美代の言いなりになってしまった。自分の父親に寺をもたせたいというお美代のお願いをあっさりと聞き入れたのだ。

こうして完成した感応寺は、その後、将軍家はもちろんのこと、御三家や御三卿《きょう》、各大名家の参拝を集めて大繁盛した。とくに顕著《けんちょ》だったのが大奥の女中たちからの人気の高さで、普段は外出を許されない大奥の女たちが、お参りのためにしょっちゅう出入りするようになり、表だって外出が許されない者は、祈禱物や寄進物を運ぶ大きな長持《ながもち》の中に隠《かく》れてまで感応寺を訪れたという。

驚くべき信仰心の高さだが、じつは彼女たちの本当の目的は、感応寺に数多くいた若い僧たちだった。この寺には、大勢の美男の僧侶がいて、彼らが女性たちに下半身の世話をせっせと行なっていたというのである。

しかし、一八四一（天保一二）年に家斉が死去すると、日啓は女犯《にょぼん》の罪で逮捕されて遠島処分となり、お美代は大奥を追放され、娘・溶姫が嫁《とつ》いでいた加賀藩でその後の人生を送ることになった。これにともない感応寺も破却され、大奥の女性たちが通い詰めたホストクラブ寺もこれにて終了とあいなった。

男子禁制の大奥でモンモンとした日々を送っていた大奥の女性たちに喜びをあたえつづけた感応寺の滅亡は、さぞかし多くの女性たちをがっかりさせたに違いない。

美肌薬をつくるために六〇〇人以上の少女を殺害——エリザベート・バートリ

夫が忙しくてかまってくれない孤独な妻が陥《おちい》りやすいものといえば不倫というのが相場だが、エリザベート・バートリが夢中になったのは、なんと美肌だった。エリザベートは、一五六〇年、ハンガリーの大貴族バートリ家で生まれた。バートリ家はハプスブルク家の親戚で、代々トランシルヴァニア公国を領有した一族である。

彼女には幼いころに決められた婚約者がいた。相手は軍人の名門ナダスディ家のフェレンツで、彼女はわずか一一歳でフェレンツの母・ウルスラの元で教育を受け、一五歳で、当時二〇歳のフェレンツと結婚したが、この母親がひじょうに厳しく、口やかましい人物だった。

しかも、軍人の夫は戦争に出かけて留守がちで、ちっとも相手をしてもらえない。由緒《ゆいしょ》ある家で幼いころからちやほやされ、甘やかされて育ったエリザベートにとっては、息苦しいうえに孤独な日々の連続で、その鬱憤《うっぷん》はどんどんエスカレートしていったのである。

そんな彼女が寂《さび》しさを紛《まぎ》らわせるために夢中になったのが美肌だった。白い肌が自慢だったエリザベートは、肌をいつまでも若々しく保つことに夢中になった。

侍女《じじょ》に命じては肌のマッサージをしたり、薬草の汁を肌に塗《ぬ》ってみたり、香油をつけたりと、朝から晩まで肌の手入れをして過ごし、そのうちに自分で秘薬づくりを研究するまでになったのだ。

そんな日々を三〇年近くも送るうちに口うるさい姑《しゅうとめ》が死に、夫のフェレンツも一六〇四年に死亡し

た。未亡人となったエリザベートはすでに四四歳だったが、それでも美肌への願望を諦《あきら》めるどころか、年齢とともに衰《おとろ》える肌をなんとかしようと躍起《やっき》になっていたのである。

そんなある日、エリザベートの肌に、怪我《けが》をした侍女の血が飛び散るという事件が起きた。最初は怒ったエリザベートだが、気のせいか、血がついた部分の肌がなにやら光っているように思えるではないか。

「若い娘の血は美肌に効果があるんだわ」そう信じ込んだエリザベートは、さっそく下男に命じて、近くの村々から若い娘を集めさせた。

てっきりお城で働くものと思っていそいそと出向いてきた娘たちは、地下室へ連れ込まれ、裸にされて体じゅうを切り刻《きざ》まれて殺されたのである。

その残酷な様子を尻目に、娘の血を貯めた浴槽のなかで、エリザベートは恍惚《こうこつ》の表情で娘たちの血を全身

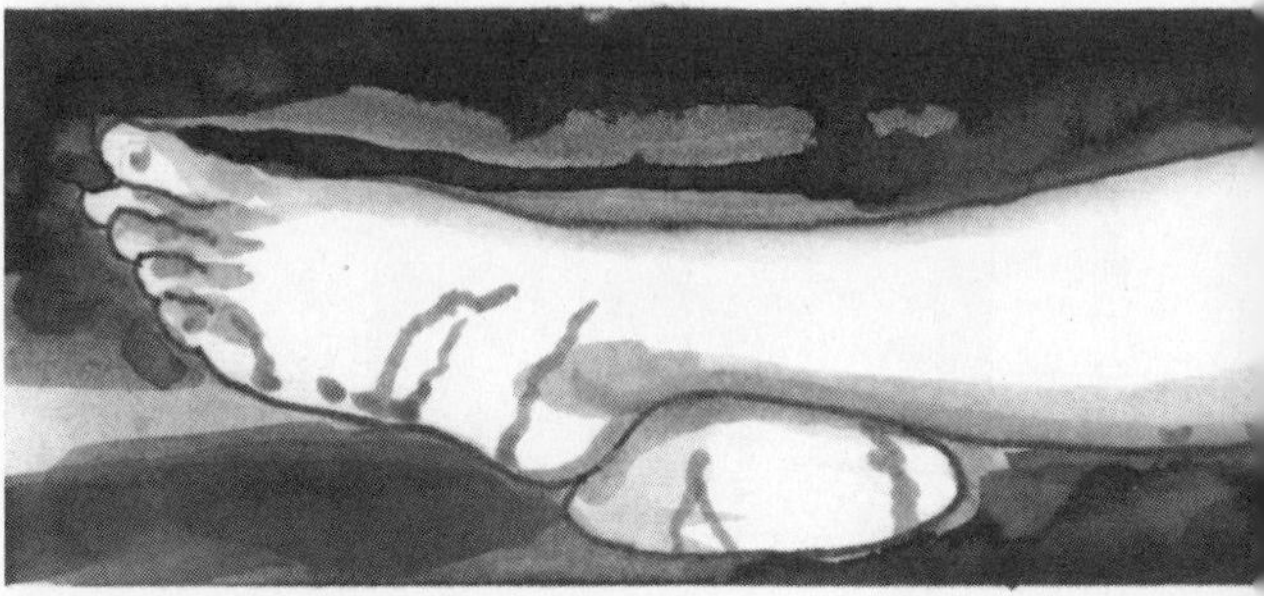

に浴びていたという。

そのうちにエリザベートは、いかに残酷に娘たちを殺すかということまで楽しむようになった。たとえば、人間ひとりが身をかがめてやっと入れるほどの大きさの鳥かごをつくり、そこに娘を無理やり入れ、吊《つ》り上げたうえで、焼きゴテを娘の体に押しつける。

かごの内側には鉄の棘《とげ》が張りめぐらされており、娘が焼きゴテから逃げようとすると、背中に棘が刺さり、痛みで反対に逃げようとすると、今度は顔や胸に棘が刺さるといった具合である。中世の拷問道具「鉄の処女」に似た道具もつくられ、このなかでも何人もの娘が殺された。

結局、この世にも残虐な事件は、新しい墓ができるたびに何度も城に呼ばれた神父が不審に思って中央政府に届け出て、すべてが明るみに出た。彼女が逮捕されるまでに殺した若い娘の人数は、なんと六〇〇人以上にも上ったという。

セーヌ川をバラバラ死体で埋め尽くした冷酷なフランス王妃——カトリーヌ・ド・メディシス

カトリーヌ・ド・メディシスは、一五三三年にフィレンツェの名門でヨーロッパ一の富豪メディチ家からフランス王・アンリ二世に嫁《とつ》ぎ、後に女王となった女性である。フランス王家と関係をもちたいメディチ家と、メディチ家の財産を欲するフランス王家の思惑が一致した政略結婚だった。

このとき、カトリーヌはわずか一四歳。パリの人々は固唾《かたず》を飲んでイタリアからやってくる新しい王女を見守ったが、その姿を見て愕然《がくぜん》とした。目は細くて鼻は大きく、唇は薄くてしまりがなく、愛嬌《あいきょう》まで悪い。おまけに小太りときてるのだ。

カトリーヌは冷徹かつ残虐《ざんぎゃく》で、強い権力欲をもつ女性だった。醜《みにく》い新妻が気に入らず、おまけに結婚前から一八歳も年上のディアーヌという美しい愛人がいた夫は、まったくカトリーヌに近寄ろうともしない。彼女は表面的には文句もいわずずっと我慢していたが、内面の悔《くや》しさと嫉妬の感情はひとしおだったようだ。

そのために彼女が利用したのが、占い師や魔術師である。迷信深かった彼女は、イタリアから占い師や錬金《れんきん》術師、魔術師、薬剤師などの一団を引き連れてきており、そのなかには、かの有名なノストラダムスもいたという。

結婚して一〇年が過ぎても子どもができなかったカトリーヌは、魔術師をつかって黒ミサを行ない、薬剤師に「その気にさせる薬」をつくらせて夫に飲ませ、一〇人の子どもを得たのである。

夫アンリ二世が若くして不慮《ふりよ》の事故で死亡すると、いよいよカトリーヌはその本領を発揮し始めた。幼い息子を王にして摂政《せっしょう》政治を開始すると、魔術師や預言者、薬剤師などをつかって、政敵や邪魔者を次々と毒殺していったのである。

長男のフランソワ二世は一五歳で王位についたが一年後に急死、二男のシャルル九世は二四歳で若死にしたが、これも病弱で愚鈍《ぐどん》だった息子を、カトリーヌが毒殺したのだといわれている。

一五七二年八月二四日には、カトリーヌの残虐さを決定づける事件が起きた。カトリーヌはシャルル九世に無理強いして、新教徒ユグノー虐殺《ぎゃくさつ》の勅命《ちょくめい》を出させ、カトリック教徒による組織的な集団殺戮《さつりく》を行なったのである。これがフランス史上類を見ない悲劇、聖バルテルミの虐殺だ。

新教徒の首領コリニー提督は、頭を切り離され、手足をバラバラにされた後で公衆にさらされ、信者は子どもも老人も関係なくすべて殺された。セーヌ川は死体で埋め尽くされ、この虐殺で、パリ市内だけで三〇〇〇～四〇〇〇人、フランス全土で一万人もの人々が殺されたのである。

こうして自分に逆らうものは、徹底して排除していったカトリーヌ。パリでは、彼女に逆らうものは、次々と死んでいき、その死に方は皆よく似ているという噂が立ち、大いに恐れられたという。

ただ、カトリーヌはパリにひとつだけ大きな恩恵をもたらした。彼女は結婚の際に、イタリアから料理人や菓子職人など多くの職人をフランスへ連れてきていた。フランスがのちに世界中から羨望《せんぼう》の目で見られることになる宮廷《きゅうてい》文化やフランス料理は、このカトリーヌの嫁入りがきっかけとなって築かれたのである。

プロテスタントを火あぶりで迫害したイングランド女王——血まみれメアリー

「血まみれメアリー（ブラッディ・メアリー）」として恐《おそ》れられたのが、プロテスタント弾圧を行なったイングランドの女王メアリー・チューダーである。

メアリーは熱心なカトリック教徒で、即位すると同時に「イングランドの国教はカトリックとする」と宣言した。そして改宗に応じないプロテスタントの信者を、見せしめに処刑した。

それらは、妻や子どもの見ている前で火あぶりにするという残忍なもので、メアリーによって処刑されたプロテスタントは数百人にものぼったという。炎《ほのお》に囲まれて人々が悶《もだ》え苦しむさまを見て、メアリーは満足気な微笑を浮かべていた。

そのため国民はメアリーを憎悪《ぞうお》し、即位してわずか五年、四二歳でメアリーが亡くなったときは、その死を悼《いた》む国民はひとりもいなかったとまでいわれている。

メアリーは、ヘンリー八世の長女として生まれた。母はヘンリー八世の最初の王妃で、スペインの王女キャサリン・オブ・アラゴンである。ひじょうに美しい人で、もともとヘンリー八世の兄アーサーに嫁《とつ》いだもののアーサーが急死し、ヘンリー八世が「ぜひとも自分の妻に」と懇願《こんがん》して再婚した。

当時、カトリックでは兄嫁との結婚は禁じられていたのが、教皇に特免状を発行してもらい結婚にこぎつけたほどで、「世界でもっとも美しい王妃」と呼ばれた。

キャサリンは複数回妊娠したものの、無事に産まれ育ったのはメアリーだけで、世継が生まれなかった。そこで、ヘンリー八世はキャサリンと無理やり離婚して、別の女性と結婚する。このとき、キャサリンとの離婚を認めなかった法王庁に激怒したヘンリー八世が、自らを長とするイギリス国教会をつくったことは有名である。

この父の傲慢《ごうまん》な行為によって、メアリーはイングランド王女からヘンリー八世の私生児という屈辱《くつじょく》的な立場に転落してしまった。しかも、愛する母とも引き離され、文通さえも禁止されて、孤独な少女時代を送ったのである。

メアリーがのちに残虐な行為をするようになったのは、こうした不幸な少女時代があったからといわれている。そのためヒステリックになったというのだ。また、母のキャサリンは敬虔《けいけん》なカトリック教徒だったため、幼いころよりカトリックに心《しん》酔《すい》していたことがプロテスタントの迫害につながった。

メアリーが女王となる前は、ヘンリー八世の世継である九歳のエドワード六世が即位した。エドワード六世の自らの意志ではないが、エドワード六世の治世ではプロテスタントが優遇され、カトリック教徒は迫害《はくがい》された。そのときの怨《うら》みを晴らそうと、今度はメアリーがプロテスタント迫害政策をとったという見方もある。

そのほかにも、メアリーが三七歳でひとぼれ目惚《ぼ》れしたスペインのフェリペ王子

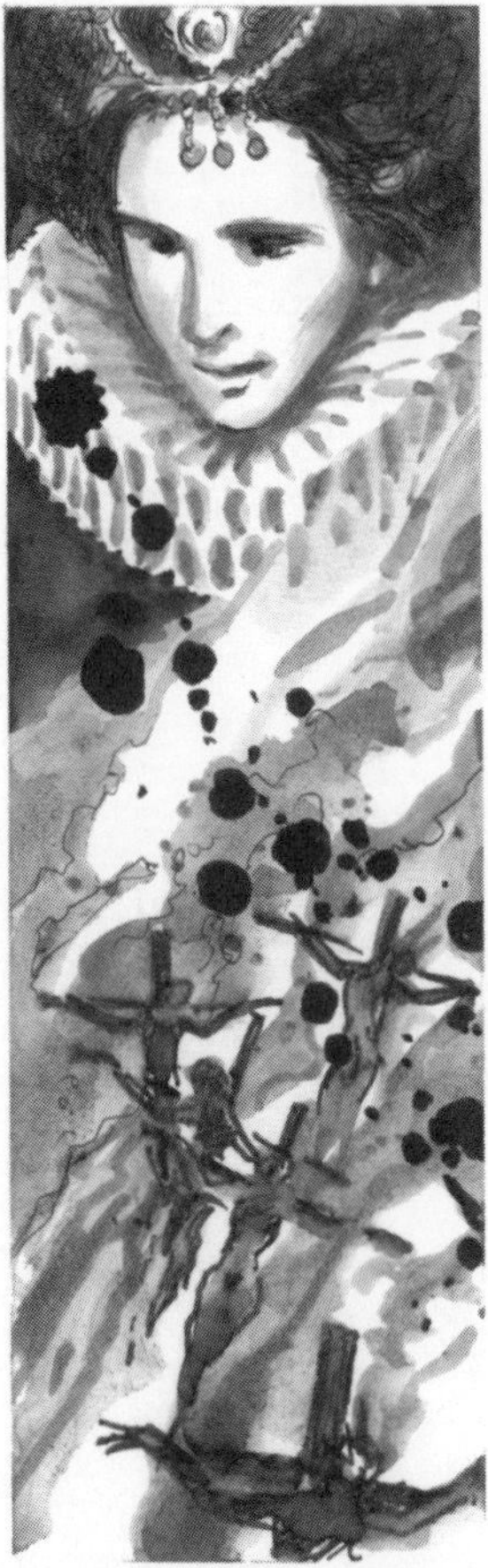

が熱烈なカトリック教徒で、プロテスタントを嫌っていたため、夫のフェリペ王子の歓心を買おうとプロテスタント虐殺を実行したともいう。フェリペ王子はメアリーより一一歳も下の美男子だった。そんなフェリペ王子の意向にメアリーはまったく逆らえない、悲しい女心だったとも考えられる。

男色に溺れた国王の肛門に焼け火箸を突き刺したイギリスの雌狼——イザベラ王妃

イザベラ王妃は、一四世紀初頭の約二〇年間にわたってイギリスの王だったエドワード二世の妻である。フランスのフィリップ四世の娘で、その美しさから「フェア・イザベラ」(美女イザベラ)と呼ばれたほどだったが、その評価は、後に「フランスの雌狼」に変わる。それほど残虐で容赦《ようしゃ》がなかったということだが、彼女を美女から雌狼に変えたのは、その夫・エドワード二世だった。

一三〇八年、エドワード二世と結婚式を挙げてイギリス入りしたイザベラは、夫に男の愛人がいることを知って驚愕《きょうがく》した。相手は、エドワードが一〇歳のころから学友兼遊び相手として一緒にいたガヴスタンで、エドワード二世は一時たりともガヴスタンと離れようとしない。

単なる騎士の息子で、なんの勲功《くんこう》もないガヴスタンに伯爵《はくしゃく》の位をあたえたり、イザベラの嫁入り道具のなかで、もっとも見事な指輪を無断であたえたりと、エドワード二世はやりたい放題で、ついには自分の姪《めい》をガヴスタンの嫁にして、彼を王族のひとりにまでのし上げた。この傍若無人《ぼうじゃくぶじん》な王の振るまいに、イザベラはもちろん、ほかの貴族も猛反発。有力貴族が結託して、ガヴスタンを惨殺《ざんさつ》してしまった。

ところが、懲《こ》りない王は、それでもイザベラを大事にしようとせず、今度は側近のデスペンサー親子を寵愛し始めたのだ。これで完全にキレたイザベラは、夫を追い落として、息子を王位につけようと考えた。フランスでシャルル四世が即位したのをきっかけに里帰りすると、そのままフランスに滞在。

反国王派の頭領で、逮捕され処刑寸前にフランスに逃げていたマーチ伯と愛人関係を結んで味方につけると、一五歳の息子エドワードもフランスに呼び寄せ、兵を集めてイギリスに攻め込んだのである。

すると、王にすっかり愛想を尽かしていたロンドン市民は、愛人と兵を従えて攻め込んできたイザベラを大歓迎。反国王派の貴族はもちろん、ロンドン市民までが蜂起《ほうき》し、王とデスペンサー派は孤立無援となった。結局、デスペンサー親子は処刑され、王も逃亡途中に捕まり、王位をはく奪《だつ》されたのである。

こうして息子のエドワード三世が即位すると、イザベラは腹心の騎士に「体に傷を残さないようにエドワード二世を殺害せよ」と命じた。すると騎士は、エドワード二世に食事をあたえず、肛門から焼け火箸《ひばし》を突っ込むなど、散々残酷なリンチを加えて殺害したのである。

イザベラは幼い息子にかわって摂政となり、愛人のマーチ伯と共に国を牛耳《ぎゅうじ》った。だが、やがて一八歳になったエドワード三世の逆鱗《げきりん》に触れて逮捕され、マーチ伯は絞首刑になった。いっぽう、イザベラは王妃としての権限をはく奪されて、ロンドン近郊のライジング城に幽閉された。彼女はここで二八年を過ごし、六六歳でこの世を去ったといわれている。

王妃になるまでひたすら暗殺をくり返した強欲な侍女――フレデゴンド

五六一年、古代ゲルマン系フランク族の国・フランク王国は分裂し、長男のジキベルト一世はライン川中流東北岸地方のウストラジアを、次男のヒルペリック一世はフランスの北部地方にあたるネウストリアを支配した。この二国は、やがてたったひとりの女性の野心のために、大きな戦争へ突入することになるのである。

その主役が、ネウストリアの王・ヒルペリック一世のもとで侍女として働いていたフレデゴンドである。目の覚めるような金髪と豊満な肉体を駆使《くし》して王の愛人におさまったフレデゴンドは、王妃・オードヴェールを陥れて城から追い出すと、次にはヒルペリック王が再婚した西ゴート国の王女・ガルスウィントも刺客《しかく》をつかって殺害。次々と王妃を失った王は、ついにフレデゴンドを妻にしたのである。

こうして野望を達成したフレデゴンドは、国内の完全支配を目論《もくろ》んで、次々と邪魔者を排除しはじめた。ヒルペリック王と元王妃の間の王子を暗殺し、元王妃・オードヴェールの隠遁《いんとん》先に刺客を送り、なぶり殺しにさせた。

気に食わない宮廷役人を車輪に縛りつけて死ぬまで叩けと命じたときは、拷問執行人の拷問が手ぬるいと怒り、その執行人の手足を斬り落としたりもした。フレデゴンドは、自分が気に入らない人間にどんな罰をあたえようかと考えるのを楽しみにしていたというのだから恐ろしい。

五七七年に天然痘《てんねんとう》が流行して、自分の子どもたちが次々に死んでしまうと、はやく次の子どもをつくろうと、王だけでなく、誰彼かまわず宮廷内の男と関係を結ぶようになった。それを知った王が激怒すると、今度は王を毒殺。

夫がいなくなったフレデゴンドのその後の性生活はすさまじく、一晩のうちに一

○人、一二人の男と関係することも珍しくなかったというから、ものすごい体力と性欲の持ち主である。しかも、自分の要求を満足させられなかった男は、性器を切断したというのだから凄《すさ》まじい。

こうして絶対権力を手に入れたフレデゴンドだが、彼女には絶対的なライバルがいた。隣国ウストラジアの王妃・ブルニュオーである。じつは、かつてフレデゴンドが暗殺したヒルペリック王の元妻・ガルスウィントは、ブルニュオーの姉だったのだ。姉を殺されたブルニュオーは怒り狂って復讐を決意し、夫をそそのかして宣戦布告。両国は長年戦闘状態を続けていた。

この二王妃の意地と怨念が入り交じった戦いはすさまじいもので、復讐の鬼と化したブルニュオーは、女ながらに強力なゲルマン軍を率いてネウストリアを荒らしまくり、対するフレデゴンドは、ブルニュオーの夫・ジキベルト王を、手下をつかって殺害させるといった具合。

この戦いは、ふたりが五○歳を過ぎても続き、年老いた女王二人が白髪頭に兜《かぶと》をかぶって戦う姿は、壮絶としかいいようのない恐ろしい光景だった。結局、この両国の戦いは、その後フレデゴンドが肺病で死亡した後も続き、四○年にもわたって繰り広げられたというから、国民にはまったく迷惑な話である。

秘密の花園に大潜入！④

王に気に入られたい！ 寵姫たちの涙ぐましい努力

王の寵姫《ちようき》になるためには、たんに〝美しい〟だけではダメだった。絶対的権力者だった王は、気が向けばどんな女性も抱くことができ、飽《あ》きればさっさと捨てる。だから、すぐに飽きられるような女性では、寵姫の座を射止《いと》めることはできなかったのだ。

それなら、セックスのテクニックが優れていたのだろうと勘繰《かんぐ》りたくなるが、それもひとつの要素ではあるが、それだけではまだ足りなかった。王がいつも自分の近くにいてほしいと願うような女性でなければ、寵姫という位につくことはできなかったのである。

結局、王がもっとも安らぎを覚える女性、わがままがいえる女性、一緒にいて楽しい女性といった総合力がものをいうのだった。

具体的には、いつも優しく微笑《ほほえ》み、王のつまらない話にも根気よく耳を傾《かたむ》けなければならなかった。王は気まぐれだから、二四時間いつくるかわからない。王がきたら、どんなに眠くてもどんなに体調が悪くても、そんなことをおくびにも出してはならなかった。

当然ながら、王がセックスを要求すれば、いついかなる場合でも喜んで応じる。あるいは、疲れた王が望むなら、足をマッサージしてやったり、なにやかやと世話を焼くのが務めだった。

さらに、王が望めば狩りやトランプ遊びにもつきあわなくてはならなかった。たとえ自分自身は興味がなくても、さもうれしそうにお供《とも》をするのだ。

ここまでくると、ダダッ子の母のようなものである。とにかく王の機嫌《きげん》を損《そこ》ねることは絶対にタブーなのである。

ちなみに、王が自分の好みのタイプと違っていようとも、それを悟らせては失格だった。外見の好みの違いだけならまだしも、たとえばフランスのアンリ四世は、鼻をおおいたくなるほどのひどいワキガだったという。

しかしながら、それを指摘した寵姫はだれ一人としていない。いつも喜んで王のそばに控《ひか》えていなければならなかったのはいうまでもない。

えっ、トルコのハーレムにはトルコ人がいなかったって?!

世界の後宮のなかでも、規模の大きさで群を抜くのがオスマントルコのハーレムだが、じつは、このハーレムには生粋《きっすい》のトルコ人はいなかったといわれている。スルタン（君主）自身、外見は白人といってもいいほどだった。

なぜなら、歴代のスルタンは、アナトリア地方の貴族の娘やビザンチン帝国の皇女と結婚することが多く、皇后は皆、白人だった。そのため代が下るにつれ、ほぼ白人の見栄《みば》えを備《そな》えたスルタンが登場することになったのだ。

また、ハーレムに献上される娘たちも、皆、白人だった。スルタンはとくにコーカサス地方の、金髪で透《す》きとおるように白い肌の青や緑の目をした美女がお好みだったので、献上する側も、その点を考慮して選んだからである。

いっぽう、ハーレムの世話役である宦官《かんがん》たちは、アフリカ出身の黒人だった。また、スルタンを守る近衛兵《このえ》たちは、白人だったという。つまり、不思議なことに、スルタンの周りには生粋《きっすい》のトルコ人はいなかったことになる。

そのせいか、ハーレムでは、トルコ独自の文化ではなく、ヨーロッパなどの文化が輸入され、東西の文化が融合《ゆうごう》されて独自の文化が形成されていった。

トルコの軍楽は、初期のころは侵略者の音楽としてヨーロッパ中の王侯貴族から恐れられていたが、時代が下るにつれて、両者に友好ムードも漂《ただよ》うようになると、ヨーロッパではエキゾチックなトルコへの憧《あこが》れが高じてトルコの音楽ブームまで起きた。

トルコのスルタンにも、ヨーロッパへの憧れを強く抱く者があらわれた。第三一代スルタンのアブデュルメジド一世は、トルコ文化の象徴ともいうべきトプカプ宮殿ではなく、バロック様式を盛り込んだドルマバフチェ宮殿を新たに建てさせた。

もっともドルマバフチェ宮殿はすべてがヨーロッパスタイルというわけではなく、そのなかにトルコの伝統的な装飾《そうしょく》をほどこしたことで、さらに完成度の高い、優美な宮殿として、ヨーロッパの貴族たちからも人気を得た。

5

あまりに理解しがたい性倒錯の世界——

支配者のおぞましき痴態や醜態

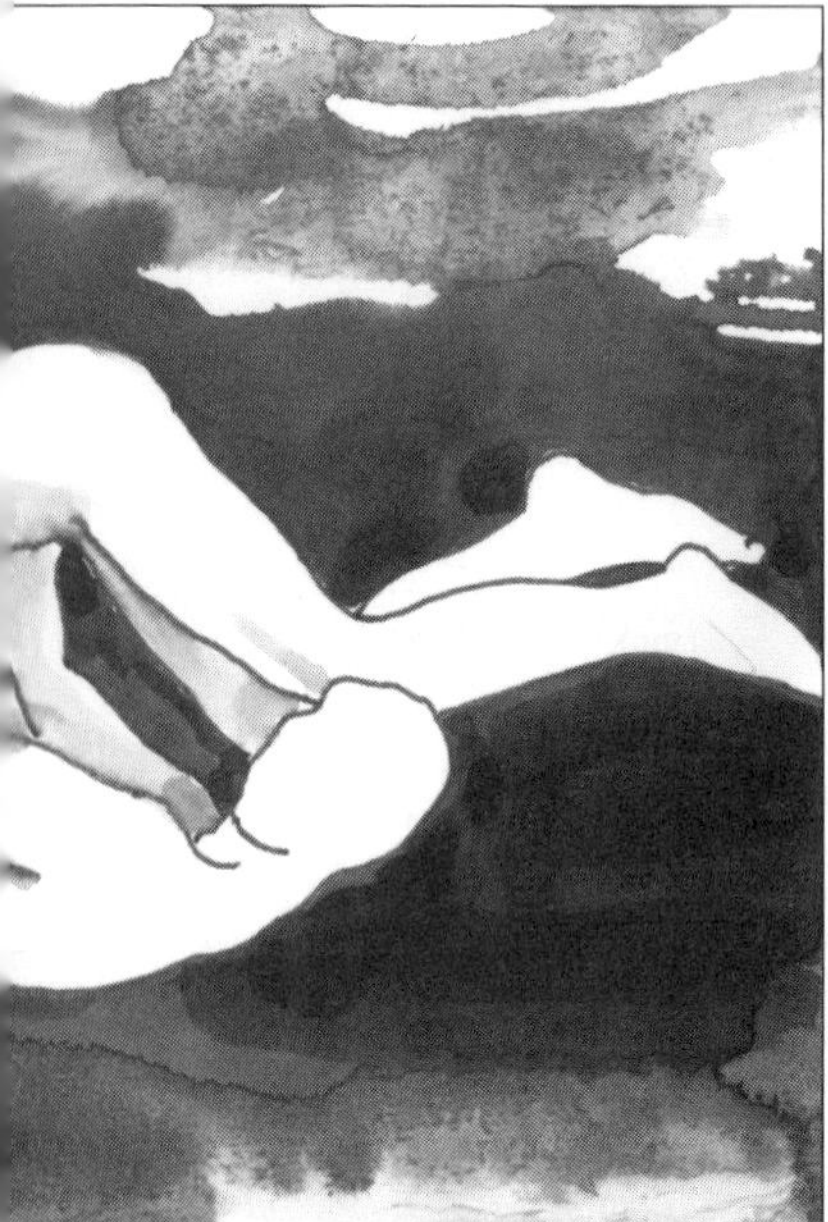

後朱雀天皇も頭をかかえた平安貴族たちの〞タブー行為〟って?

紫式部の『源氏物語』などで垣間《かいま》見ることができる平安時代の貴族の男女関係は、かなり乱れている。これはあくまで物語だが、かといってまったくのフィクションというわけでもない。

貴族たちはかなり自由な男女関係を結んでいたし、天皇や上皇ともなれば、後宮に女が余るほどいる。望めば望むだけいくらでも手に入り、好みに応じて選び放題だった。

それなのに、この時代後宮に出入りする貴族の間では、なんと男色《だんしょく》が大流行していたというのだから驚く。そもそも原始古代の日本社会では男色は禁止されていた。彼らにとって性生活というのは豊かな実《みの》りを予兆するものであり、同性同士の性愛には実りがないからだ。

そのような日本で男色が行なわれるようになったのは、僧侶《そうりょ》の間で広く潜行したのがきっかけだが、僧侶が男色に走ったのは、女性との交わりを禁じられていたからにほかならない。

ところが一〇世紀以降、裕福な貴族層が中心となって、男色が徐々に広まってきたのである。官職や位階にもとづく莫大《ばくだい》な収入を得るようになった彼らは、金銭や地位だけでなく、セックスにまで貪欲《どんよく》になり、次々と新しい楽しみ方を試し、それまでタブーとしていた男色にまで食指《しょくし》が動いていったのだろう。

一〇二六（万寿三）年から一〇五四（天喜二）年まで記された藤原資房《すけふさ》の日記『春《しゅん》記《き》』には、新嘗祭《にいなめさい》最大のイベント五節舞の控所で、貴族たちが男色にふけったり、童男や童女に性行為をさせたとあり、それについて三〇歳の繊細《せんさい》な後朱雀《ごすざく》天皇が頭を悩ませているという記述がある。

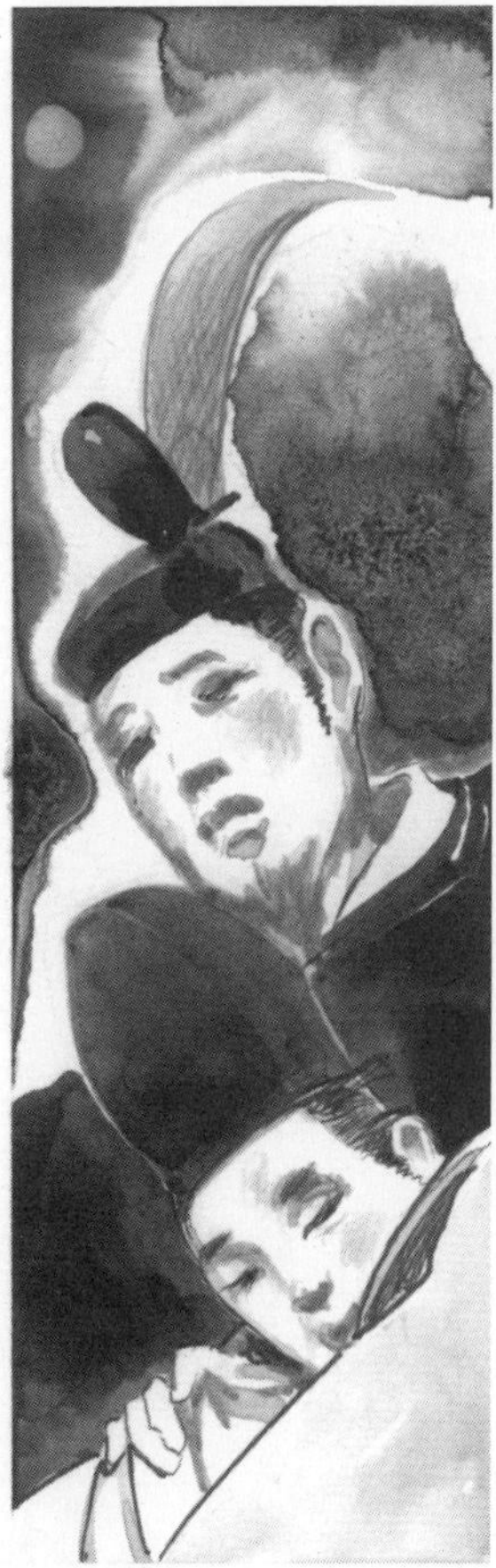

なんとこの時代は、公衆の面前、しかも公的な場所で、堂々と男色が行なわれていたわけで、それればかりか、幼い子どもにセックスさせて、それを見て貴族たちが喜んでいたというのだ。

一〇世紀から一一世紀にかけて書かれた藤原実資《さねすけ》の日記『小右記《しょうゆうき》』にも男色についての記述がある。こちらは実資が見た夢の内容を記したもので、夢のなかで実資は関白・頼通《よりみち》と天皇の政務の場でもある清涼殿《せいりょうでん》で抱き合っており、自分の男根が力強くそそり勃《た》ち、恥ずかしいと思った途端に目が覚めたというのだ。

しかも、夢のなかで自分の性器が堅く勃起《ぼっき》していたことを喜び、これは吉夢だと喜んでいるのである。

驚くなかれ、この夢を見たときの実資は当時としてはかなり高齢な七三歳で、夢のなかで抱き合っていた頼通は三九歳である。老人になり、体は若いころのような元気がなくなっていたとしても、彼の中ではまだセックスへの関心が強く残っていたのだろう。なんとも元気な爺《じい》さんである。

一二世紀の中期に書かれた藤原頼長《よりなが》の『台記《たいき》』にも、貴族や従者たちとの男色が赤裸々《せきらら》に記されており、この時代、いかに貴族たちの間に男色が浸透《しんとう》していたかがわかる。

それでは女同士の性愛はあったのだろうか。紫式部はレズビアンだったという説もあるが、「女色」という言葉は男が女を漁《あさ》ることを指すことばであり、女性同士の性関係についての確たる資料は見つかっていない。ホモは隆盛したが、レズビアンはかなり少なかったようだ。

主君にウジがわいても放置?! 権力欲に溺れた中国の三寵臣

ときは紀元前七世紀の古代中国、春秋五派のひとり、斉《せい》の桓公《かんこう》には三人の寵臣《ちょうしん》がいた。易牙《えきが》、豎刁《じゅちょう》、開方《かいほう》である。このうち豎刁は宦官《かんがん》で、自らを宮刑にして宮中に入った人物だ。

この三人は、とにかく桓公に気に入られたいがために、ひたすら媚《こ》びへつらい、忠心の限りを尽《つ》くした。とはいえ、国のことを考えてとか、政治を考慮したものではは一切なく、あくまで自分の出世だけが目的なので、その方法はあまりにもえげつない。

易牙など、桓公が「子どもの肉が食べたい」といえば、自分の子どもを煮《に》て献上したというのだから恐《おそ》れ入《い》る。子どもの肉を食べたがる桓公も、かなり常軌《じょうき》を逸《いっ》した人物だったともいえるのだが……。

ところが、桓公は自分に忠実で、しかも寵愛している三人のことだから、とにかくかわいくて仕方がない。桓公の名宰相《さいしょう》として有名な管仲《かんちゅう》は、この三人の本性を見抜いており、なんとか桓公から遠ざけたいと考えていたようだ。

管仲が病に侵《おか》され、もう後がないと知った桓公は、三人のうちの誰かを大臣にしようと考え、管仲に相談したが、管仲は、「易牙は、自分の子を殺すような男なので信用できません」と却下した。

豎刁についても、「自分で去勢《きょせい》してまで桓公に取り入ろうとするような人間は重臣にしてはいけない」と、これまた完全に否定しているのである。開方も含め、管仲はこの三人を追放するようにと、桓公に強く進言して死んでいったのだ。

この必死の訴《うった》えを聞き入れた桓公は、やむなく三人を罷免《ひめん》したが、管仲が死ぬと、また三人が恋しくなり、さっさと宮中に呼び戻してしまった。

こうなると、もう桓公を止める人間は誰ひとりとしていない。三人は、桓公の寵愛を受けているのをいいことに権力をほしいままにしたのである。

そしてやがて桓公が危篤《きとく》に陥《おちい》ると、三人は党派を組んで、後継者争いにまで参加していく。

桓公には五人の子どもがおり、その全員がみな即位を求めて争ったのだが、その際、易牙と豎刁は自分たちの意のままになる公子無虧《むき》を後継者にしようと暗躍《あんやく》した。

桓公が自分で誰かを指名しないようにと、宮門を閉じて桓公を監禁し、外臣との謁見《えっけん》を一切禁止したのである。

さらに桓公の死後も王位争いは決着していなかったため、三人は桓公の崩御《ほうぎょ》を一切公表せず、そのまま六七日間も死体を放置し続けたのだ。

一代の覇王桓公も、寵臣によって最後は好き勝手に扱われ、尊厳ある死すら得られなかったのである。ほったらかしにされた桓公の死体は腐乱《ふらん》し、ウジがわいていたというから、なんとも哀《あわ》れである。

「事件の陰《かげ》に女あり」とはよくいうが、この時代、事件の陰には男もかなりいたようである。

“美貌”を武器に男色に走ったローマ皇帝の変態セックスとは

古代ローマ帝国では同性愛はそれほど珍しいことではなかったため、たとえ男同士で愛し合っても、それが問題になることはなかった。とはいうものの、同性愛者の皇帝となると、少々事情が違ってくる。皇帝の品位に欠けるとみなされたのである。その皇帝とは、ヘリオガバルスである。

ヘリオガバルスは、祖父の死後、一時、親衛隊都督に帝位を奪《うば》われた。その後、祖母の見事な策略で帝位奪還を果たし、やがて十代で皇帝になったのである。

美貌のヘリオガバルスが、きらびやかな皇帝の衣装を身につけると、素晴らしく見栄《みば》えがして、ローマの民衆はこの美しき青年皇帝を熱狂して迎えたという。

しかし、ヘリオガバルスには、悪癖《あくへき》があったのである。ヘリオガバルスは、全身の体毛を抜き、つややかな肌に香料をたっぷりと塗《ぬ》り、女性の衣服を身にまとうのが趣味だった。かつらをかぶれば、目を見張る美女にたちどころに変身した。

そして、こっそりと街の娼館へと出かけていったのだ。もちろん、お気に入りの美女と夜を過ごすためではない。自らの体を荒くれた男たちにあたえるためである。

皇帝が好んだ男性は、巨大な男根を持ち、粗野《そや》なふるまいをする男性だった。そんな男性に、あらっぽく、まるで犯されるかのように扱われることに無上の喜びを感じたのである。

とくに気に入ると、その男性を宮廷に呼び寄せて愛人にした。ヘリオガバルスはいわゆるマゾヒストで、好意を寄せる男性に殴《なぐ》られたり蹴《け》られたり、犯されたりするのが大好きだった。相手の行為をエスカレートさせるために、わざとほかの男性とのベッドシーンを見せつけ、相手の怒りをさらに増大させるといった手法《しゅほう》をよく用いた。

そのうちに皇帝の趣味はさらにコントロールを失い、しまいには宮廷のなかに娼館をつくってしまった。さらに、性転換手術を受けて、自らの体に人工の女性器までつくってしまう。

本物（?）の女性になった皇帝は、ますます男たちと獣《けもの》のように交わることに熱心になっていき、宮廷は、日夜、淫《みだ》らな行為が行なわれる場所に変貌《へんぼう》したのである。それにしても、当時、性転換手術ができたとは驚きである。

ヘリオガバルスのこのひどすぎる行状は、たちまち兵士や民衆の怒りを買うことになり、わずか一八歳でクーデターにより殺されてしまった。遺体は、バラバラに切り刻まれ、無造作に川に投げ込まれたという。ヘリオガバルスはそれほど皆の怒りを買っていたのだった。

ローラの足に首ったけ！ 足フェチ国王ルートヴィヒ一世の奇行ぶり

バイエルン国王・ルートヴィヒ一世がことのほか愛《め》でたのは、三四歳年下の絶世の美女ローラ・モンテスの足だった。黒髪でどんな男性も虜《とりこ》にしてしまうほどの美女だったローラは、一九世紀のヨーロッパ社交界で一世を風靡《ふうび》したイギリスの踊り子である。

あるとき、公演でミュンヘンを訪れたローラはいきなりルートヴィヒ一世を訪ねて面会を願った。人気者の有名踊り子とはいえ、一介の踊り子が約束もなしに訪ねていって国王に会うことなど普通は不可能である。

しかし、ローラの美しさに圧倒された侍従は、国王に「凄《すご》い美人です。見る価値は絶対にあると思います」と報告した。

無礼な訪問に機嫌《きげん》を損ねていたルートヴィヒ一世だったが、それほどの美女とはどんな女性かと、気を取り直して面会することにした。そうして、一瞬にして、その美貌に魅入《みい》られてしまったのである。

さらに、ルートヴィヒ一世を熱狂させたのは、ローラの美貌や均性のとれた体つきだけではなく、ローラの足だった。ルートヴィヒ一世はローラの足を眺《なが》め、その足を触り、あるいはそこに口づけすることに快感を覚えた。ローラへのラブレターには、「もしいま、君が私を訪ねてくれたら、足を洗う時間もあたえず、すぐにあなたの足を味わいたい」といった内容が書かれている。

ルートヴィヒ一世は、ローラの足に心を奪われていた。ローラの足をなめたり吸いついたりしゃぶったりしながら、マスターベーションしたり、ローラにオーラルセックスをしてもらったりするのが好きだった。

ルートヴィヒ一世のローラへの情熱は尋常《じんじょう》ではない。あるときローラに対して、二枚の布切れを送り、それを素肌に着けてから送り返してほしいと懇願《こんがん》した。

約束どおりローラが二枚の布切れを送り返してくると、今度は「どちらが素肌に触れた部分か」「布は体のどの部分に当てていたのか」といったことをしつこく問い合わせた。

そして、その布切れに口づけし、それを触っては、性的興奮を高めていたという。足に執着したり、布切れをほしがることからも、ルートヴィヒ一世がかなりのフェチズム愛好者だったことがわかる。

ルートヴィヒ一世の寵愛をいいことに、その後、ローラが政治に口を出すようになると、国民の批判を集め、ローラは国外追放されてしまった。

やがてこのスキャンダルはルートヴィヒ一世自身にも影響をあたえ、退位に追い込まれてしまうのであった。

過激すぎて娼婦に訴えられたサド侯爵のSMプレイ

SMの「S（サド）」の語源になったとされるのが、一八世紀後半から一九世紀初頭のフランスの侯爵《こうしゃく》であるマルキ・ド・サドである。小説『ソドムの百二十日』で、倒錯《とうさく》的性愛のかたちを記した。

サドには、相手を全裸にして縄で縛ったり、白い体にムチをあて、傷口に赤い血がにじむのを見ると、興奮する性癖があった。ムチで打つだけではなく、ムチによる傷口にわざと乱暴に薬をすり込み、薬がしみて相手が悲鳴をあげる姿を見て喜んだりもした。また、相手を辱《はずかし》めるような暴言を吐《は》くことで、相手に対して精神的なダメージをあたえることも大好きだった。

あるときは、娼婦数人を集めて乱交に及《およ》んだ。裸にしてムチで打ったり、ほうきで尻をたたいたりした。あるいは、催淫剤《さいいんざい》入りの菓子を食べるように強要したり、自分の使用人とその場でセックスさせたりもした。

次第に普通のムチで打つだけでは物足りなくなり、先端に曲がった針をつけた特製のムチを使う場合もあった。さらに、鶏《にわとり》などの獣《けもの》との性交を強要したり、自分と使用人との男色行為をしっかりと見ているようにと言い渡すような変態的な行為を楽しんだりもしている。

あまりのおぞましさに、娼婦のひとりが怯《おび》えて逃げ出そうとすると、すかさず捕まえ、脅《おど》して部屋から出さないようにした。

サドは、他人をムチ打つのを好んだが、いっぽうで自分がムチで打たれるのも好きなマゾヒストでもある。娼婦に自分をムチで叩《たた》いてくれるようにせがみ、わざわざムチの回数を数えて、ひとり悦《えつ》に入《い》ることもあった。

また、催淫剤によって娼婦が腹を壊して、下痢をすると、その様子を眺めて楽しんだりもしたという。

このあまりにも常軌《じょうき》を逸《いっ》した行動に、娼婦たちが訴《うった》え出たために、サドは高貴な身分にもかかわらず投獄《とうごく》されてしまう。その後、投獄されては出獄し、出獄して

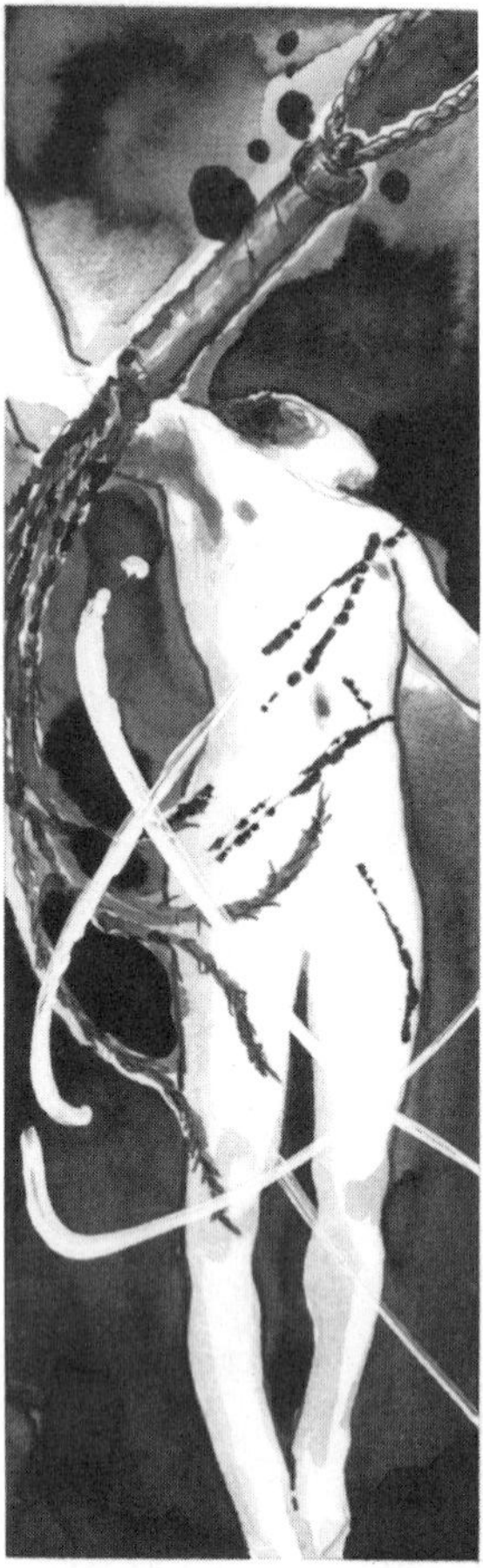

はまた同様の事件を起こして投獄されるということを繰り返す。この刑務所暮らしの最中に執筆したのが、前述した小説『ソドムの百二十日』である。この作品により「ＳＭ」の世界が一般に広く知られるようになったのは疑いようもない。

ちなみに、娼婦たちの訴えがすぐに聞き届けられたのは、当時、男色や獣姦《じゅうかん》をしたものは、それだけで死罪に相当すると考えられていたからである。サドは、それらの大罪を犯しただけでなく、相手をムチ打ったり、縄で縛りあげたりするという行為まで犯したため、異常行動だとして、多くの人々に大きな衝撃をあたえた大事件だったのである。

西太后に寵愛され、西太后に殺された宦官・寇連材

宦官《かんがん》は中年になってから去勢した者も少なくなかったが、その多くは刑罰によって無理やり性器を切り取られた罪人で、成長した人間が、わざわざ自分から宦官になろうとする場合はほとんどなかった。自ら宦官になった者も、結局は自分の出世が目的で、私利私欲を貪《むさぼ》るものが大半だった。

ところが、一九世紀末、清《しん》の光緒帝《こうしよてい》の時代に、あえて自ら宦官になり、国のために働こうとした男がいた。後に西太后《せいたいこう》に見染《みそ》められることになる寇連材《こうれんざい》である。

一五歳で結婚し、二男一女の父親だったが、国家の将来を憂《うれ》えるあまりに、自ら宮刑を施《ほどこ》し、宦官となって宮中に入ったのである。

この時代、清は列強の侵略を受け、決断しだいでは植民地化されかねない危機に直面していた。この事態のなかで光緒帝が選択したのは「百日維新」と呼ばれる改革だった。

一八九八年四月二三日、光緒帝は「国是を定める詔《みことのり》」を発し、中央の制度局の設置、地方の民生局の設置、科挙制度の改革、中央各省庁の整理統合など、次々と

新しい政策を打ち出した。本来なら何年も要するような改革を、次々と行なったのである。

それだけでも保守派の政治家にはとてもついていけない事態なのに、光緒帝は保守派政治家の罷免《ひめん》も明言したため、その反発はすさまじかった。

その直前に政治の表舞台から身をひき、光緒帝に後を託《たく》したはずの西太后は静観の姿勢をとってはいたものの、もはや黙って見過ごすことができない状況になりつつあった。

寇連材が宦官として活躍したのは、まさにそんな激動の時代だった。寇連材は美男子で、しかも威風堂々《いふうどうどう》とした人物だったから、西太后はひと目ですぐに寇連材を気に入り、自分の房での会計を任せた。西太后は寇連材を信頼し、寇連材もそれに応え、西太后に誠心誠意仕え、ときには西太后を諫《いさ》めることもあったという。

光緒帝が維新運動を始めたときは、寇連材も光緒帝のもとに派遣され、身辺の世話を担当した。しかし、これはあくまで表向きの理由で、じつは西太后が光緒帝を監視するために送り込んだのである。

ところが、監視役のはずの寇連材が、光緒帝の維新運動にすっかり感化されてしまった。この改革こそ清の国を救う道だと信じた寇連材は、西太后に意見し、光緒帝を擁護《ようご》するように勧めたが、西太后はこれに激怒。

仕方なく暇乞《いとまご》いをし家に帰った寇連材は、「上太后書」をしたためて、改めて西太后に意見したのである。しかし、これを読んだ西太后はますます激怒し、結局、寇連材を斬首《ざんしゅ》にしたのである。

自分を捨て、宦官になってまで国を救おうとした男の熱意は、西太后に届くことはなかったのだ。

マリー・アントワネットを夢中にさせた稀代の魔術師カリオストロの意外な正体

一八世紀のヨーロッパの社交界で王侯貴族たちを虜《とりこ》にした魔術師がいた。カリオストロ伯（一七四三〜九五）である。

自称貴族出身のカリオストロは、あるギリシア人に錬金《れんきん》術の奥義を授《さず》けられ、エジプトで古代神殿の神官たちからの教えを受けて魔術を習得したという。妻とともにヨーロッパ各国をめぐりながら、ブリュッセルでは、ダイヤや黄金を錬金術でつくりあげたり、ペテルブルグではロシア皇帝の侍医でさえ治療できなかった病を魔術で治したりと活躍した。

やがてカリオストロの名声はヨーロッパ中に轟《とどろ》くようになり、イギリスではサン・ジェルマン伯の紹介でフリーメーソンに入会するほどの名士となっていた。

一七八五年、そのカリオストロがパリに来た際、真っ先に彼を頼ったのはフランス王妃マリー・アントワネットである。当時、出産を前にして夜毎《よごと》悪夢に悩まされていたアントワネットは、有名な魔術師がやってきたと聞き、自分が無事に出産できるかどうかを占ってほしいと頼んだのだ。

そこで、カリオストロは一人の処女に催眠術を施《ほどこ》し、ガラス瓶《びん》に水を入れ、両端に松明《たいまつ》が燃えるテーブルのそばに導いた。カリオストロが何事か質問すると、その処女は「王妃が元気な男の赤ん坊を産んでいるのが見えます」と答えた。この予言は見事的中し、その数週間後、アントワネットは無事に男の子を出産したのである。

この噂はたちまちパリ中に広がり、豪華《ごうか》な邸宅をかまえたカリオストロ伯の屋敷には、次々とパリの貴族やブルジョワたちが集まり、夜毎パーティーを開いたり、儀式を行なうなど、カリオストロは一躍パリの人気者となった。

しかし、じつはカリオストロの経歴はすべて詐称《さしょう》されたものだった。貴族出身どころか、シチリアの貧しい靴屋の子として生まれたジュゼッペ・バルサモというのが彼の正体で、一八歳である殺人事件に関わって故郷を追われて以来、錬金術や魔術を覚え、怪しげな薬を「若返りの薬」と称して販売しながら諸国を放浪《ほうろう》していたのだ。金に困ると妻を身売りさせ、相手の男を脅迫して金を巻き上げたこともしばしばだったという。

結局、マリー・アントワネットの首飾り事件に連座する形でバスティーユ監獄に投獄され、その後釈放《しゃくほう》されたが財産の大半を失ってフランスから追放された。彼はイタリアに戻り、ローマでフリーメーソンの支部を設立しようとしたが、これが大失敗。ローマはフリーメーソンを憎悪するカトリックの法王領のど真ん中だったため、すぐさま逮捕され、終身刑を宣告された。この段階になって、はじめて彼の経歴がすべて明かされ、稀代のペテン師にすぎなかったと判明したのである。

投獄されたカリオストロは、四年後、精神錯乱《さくらん》に陥《おちい》り、牢獄内で餓死《がし》したという。

ダメ国王・ジョージ一世が不貞な妻にした理不尽すぎる仕打ち

イギリスの長い歴史のなかでも、もっとも国民から人気がなかった国王といえば一八世紀の王・ジョージ一世だろう。ジョージ一世はドイツ人で、ハノーヴァー選帝侯（ドイツの諸侯のひとつ）だった人物である。一七世紀のジェームズ一世の曾《ひ》孫《まご》でイギリス王室の血を引いており、アン女王が跡継《あとつ》ぎがないままに死亡したために、急遽《きゅうきょ》イギリスに迎えられたのである。

このとき、ジョージ一世は五四歳。陰気な醜《みにく》い男で、しかも彼が連れてきたふたりの愛人は、ひとりは貧相なやせっぽちで、もうひとりは小太りの醜女《しこめ》ときていたものだから、イギリス国民が失望したのはいうまでもない。

おまけに英語は話せないし、イギリスの実情をなにも知らず、政治は首相・ウォルポールに任せきりだった。国王だというのにロンドンにはあまり寄りつかず、故郷のハノーヴァーで遊んでいるばかりで、まったく働かないのである。

こんなダメ国王だが、じつはジョージ一世には、イギリス国王になる前から絶世の美女と評判の妻がいた。セル公国のセル公爵夫妻の一人娘ソフィア・ドロテアだ。結婚前、夫になる人物をはじめて見たドロテアは、この縁談に激しいショックを受けたが、親の決めた縁談ゆえ、そのまま結婚するしかなかったのだ。

では、醜男《ぶおとこ》のジョージ一世はどうだったかというと、じつは彼もあまりうれしくなかったようだ。自分の容姿にコンプレックスをもっていたからか、ジョージ一世はかなりのゲテモノ好きだった。結婚後も、妻よりはるかに醜い女性ばかり選んで愛人にし、世継の息子が生まれてからは、ほとんど愛妾たちのところに入りびたりで、ドロテアには寄りつこうともしなかったのだ。

こんな冷え切った夫婦関係だったため、イギリス国王になった際も、彼は妻を連れていかず、相変わらずほったらかしにしていたのだ。

ところが、そんなある日、ジョージ一世を驚かせる報告が届いた。なんと妻のドロテアが、ハノーヴァー家の傭兵《ようへい》隊長であるケーニヒスマルク伯爵と不倫しているというのだ。ケーニヒスマルク伯爵は美貌の青年で、ふたりは幼馴染《おさななじみ》。久しぶりに再会したふたりはすぐさま恋に落ち、愛し合うようになったのである。

この事実を知ったジョージ一世は怒りに震《ふる》えた。ドロテアのことはいままでずっとほったらかしだったのだから、別れてあげればいいものを、なんとケーニヒスマルク伯爵の謀殺《ぼうさつ》を命令。ドロテアとケーニヒスマルク伯爵はかけ落ちの約束をするが、その直前に伯爵は行方不明となり、その後ドロテアに伯爵の死が告げられた。

こうして愛人まで失ったドロテアは、不倫の罪でセル公国のオールデン城に幽閉《ゆうへい》され、その後三二年間も閉じ込められ続け、孤独と無念のうちに生涯《しょうがい》を終えた。

最後に、彼女が夫・ジョージ一世に残した手紙には、恨《うら》みの言葉が延々と書き連ねられてあり、それを読んだジョージ一世は発作を起こして倒れ、その後正気を取り戻すことなく七か月後にこの世を去った。ドロテアの執念《しゅうねん》が、彼を呪《のろ》い殺したのかもしれない。

トルコ皇子から性欲を奪った「金の鳥籠」っていったいなに？

オスマントルコのハーレムが、ただスルタンと呼ばれる権力者ひとりのために、大勢の美女を取り揃《そろ》えられていた場所であるのはあまりにも有名だ。スルタンは、何百人、何千人もの妖艶《ようえん》な美女を好きなときに楽しめたわけだから、一度に何人もの美女を寝室に侍《はべ》らせ、最高のサービスを受けていたのだろうなどと、つい怪《あや》しげな想像までしてしまう。

しかし、その実態は楽しいだけのものではなかったようだ。イスラム教は本来一夫多妻を推奨《すいしょう》しているわけではなく、コーランに記載されているのは、同時に複数の妻をもってもいいが、彼女たちを平等にあつかうのは困難だという教訓である。

つまり、複数の妻をもつなら全員を平等にあつかいなさいといっているわけで、敬虔《けいけん》なイスラム信者であるスルタンも、当然この教えは守っていた。

ハーレムには夜伽《よとぎ》カレンダーなるものがあり、スルタンは、そのスケジュールにしたがって公平に平等にせっせと女性と関係をもつのである。こうなると、もう楽しみというより、ほとんど仕事に近い。

もちろんひとりの女性とだけしかつき合わなかったスルタンも実存しており、セリム一世、メフメト三世、ムラト四世、アフメト二世などは、ハーレムをもちながら、生涯ひとりの女性しか愛さなかったという。

ただ、彼らの場合、コーランの教えに忠実だったというより、幼いころからの育ち方によって、虚無的《きょむ》になっていたというのが本当の理由かもしれない。

じつはハーレムの女性が男子を産んだ場合、その皇子は父親の存命中は「金の鳥《とり》籠《かご》」と呼ばれる牢《ろう》に監禁《かんきん》されなければならなかったのだ。即位する前の皇子に公的活動を一切行なわせないようにするためで、皇子の近くにいるのは、卵巣か子宮を摘出された二、三人の側女と、鼓膜《こまく》に穴を開けられ、舌を切り落とされた衛兵だけ。

孤独に耐《た》えられず錯乱状態に陥ってしまうものもおり、宮廷内の反逆者がいつ殺しに来るかもしれない状況のなかで、彼らは恐怖に怯《おび》えながらひたすら日々を過ごしたのである。

このような状況だから、一六四〇年にムラト四世が没《ぼっ》し、世継のイブラヒムの元へ人々が襲位を授《さず》けにやってきたときも、イブラヒムはにわかに信じられず、ドアに閂《かんぬき》を下ろして立てこもり、スルタンの亡きがらを目の前に置かれてはじめて、やっと信じたという逸話《いつわ》もある。

イブラヒムはスルタンになった途端《とたん》、これまでのうっ憤《ぷん》を晴らすかのように、ひたすら性欲に溺《おぼ》れた。いっぽう、同じく金の鳥籠で育ったスレイマン二世は、金の鳥籠で三九年も過ごしたことですっかり禁欲主義になってしまっており、せっかく目の前に美女をズラリと並べられても、まったく興味をもてなかったという。なんとももったいない話である。

ドラキュラ公がこだわった残酷な串刺しの刑の方法

ヨーロッパ史上最高の残虐《ざんぎやく》王といえば、一五世紀のワラキア公国の君主ドラキュラ公ではないだろうか。ドラキュラといえば、夜な夜な若い女性を襲って血を吸う恐ろしい吸血鬼《きゆうけつき》を思い浮かべるが、じつはこれはイギリスの作家ブラム・ストーカーが創作した物語で、そのモデルとなったのがドラキュラ公なのだ。

彼は本名をブラド・ツェペシュという。父親のブラド二世はたびたび侵略してきたトルコとの戦いの功績で、当時の神聖ローマ皇帝からドラゴン（竜の騎士《きし》・悪魔という意味もある）の勲章《くんしょう》を授《さず》かり、その息子であることからドラキュラ（小ドラゴン）と呼ばれたのである。

では、このドラキュラが残虐王だった所以《ゆえん》はなんだったのか？　もちろん血を吸うわけではない。彼は人間の串刺《くしざ》しが大好きだったのである。

ドラキュラは、一七歳まで弟のラドウとともにオスマントルコで人質生活を送っていたが、父親が殺されたためにトルコにトルコに友好的体制を敷《し》くことを条件に帰国を許され、ワラキア公国の君主となった。しかしながら、はじめからそのような条件に従う気がなかったドラキュラは、人質生活の恨《うら》みを晴らすため、さっそくトルコ軍への反撃を始めると、神出鬼没のゲリラ戦でトルコ軍を翻弄《ほんろう》し、次々と勝利を手に入れた。

一四六一年、トルコ兵二万人を捕虜《ほりよ》にしたドラキュラは、町外れの平野で捕虜たちを裸にし、生きたまま棒に串刺しにした。その死体の数々は数キロ四方にわたって広がり、周囲には死臭がたち込めた。

串刺しは、この時代比較的ポピュラーな死刑法だ。

その方法は肛門に潤滑油《じゅんかつゆ》を塗《ぬ》ったり、ナイフで肛門を拡張し、長い棒を肛門の中に差し込み、その後大槌《おおづち》で叩《たた》いてさらに体内に押しこんでから、棒を地面に垂直に埋めて立たせるのである。すると、自分の体重の重さで徐々に突き刺さっていき、死に至る。ベテランの執行人が行なうと、ちょうど口から棒の先が出るようになるのだという。ドラキュラの場合、死刑囚ができるだけ長く苦しみ、断末魔《だんまつま》の叫びをより長く聞けるようにと、わざわざ棒の先を丸く削《けず》らせてあったという。

ドラキュラは、この串刺しがとくにお気に入りで、少しでも気に入らない相手がいると頻繁に串刺しにして殺していた。いつも同じではつまらなかったのか、ときには体を宙《ちゅう》づりの状態から刺したり、手足を切断してから刺したりと、いろいろ趣向を凝らしていた。

いっぽう、残虐な兄とは違って、ドラキュラと一緒にトルコの人質になっていた弟のラドゥは、優しく平和的な人物で、愛嬌《あいきょう》のある美男だった。

兄が国に戻った後もトルコに留《とど》まり、メフメト二世の同性愛の相手としてかわいがられている。兄が敵のトルコ兵を串刺しにしているころ、弟も別の意味で串刺しになっていたのかも……。

秘密の花園に大潜入！⑤

大奥が発展したのは家光が男好きだったから?!

大奥は、徳川家の世継《よつぎ》をもうけるために、朝廷の後宮を参考にしてつくられた。武家の世界でも側室を置くことは行なわれていたが、大奥のような厳格な規則は存在しなかった。それを体系化して組織化したのが、「大奥法度《はっと》」を制定した二代将軍の秀忠《ひでただ》である。

もっとも、実質的に大奥を取り仕切り、それなりの形にしていったのは、三代将軍・家光《いえみつ》の乳母であったお福（通称「春日局《かすがのつぼね》」）である。

家光は、生まれつき虚弱だったため、生母のお江与《えよ》の方は、弟の国松《くにまつ》ばかりをかわいがった。母にかえりみられない家光にとって、乳母のお福は母以上の存在であり、全面的に信頼していた。

そんななか、お江与の方は、夫の秀忠に働きかけ、次期将軍には弟の国松を推《お》すようになる。孤立無援《こりつむえん》となった家光を助けたのはお福だった。隠居していた家康が住む駿河《するが》城を訪れ、次期将軍は長男の家光にすべきだと訴《うった》えた。

隠居の身とはいえ、実権を握《にぎ》っていたのは家康である。家康は、無駄な家督《かとく》争いを避けるためにも、長子相続の順守が必須《ひっす》だと考え、将軍は、長男の家光が継ぐと命じた。

お福の捨て身の訴えで無事に将軍職を継いだ家光だったが、じつは家光は男色家だった。生母の愛情を知らずに育ったせいか、女性を好まなかったのだ。やきもきしたのが、お福だった。家光が男色家では、家光のお世継は永遠に生まれない。それでは、やがては弟の国松が将軍となってしまう。

そこで、お福は朝廷の後宮を参考に、家光の関心を少しでもひきそうな女性たちを見ると、とにかく集めてきて、かたっぱしから家光に引き合わせたのである。高貴な身分の尼僧を還俗《げんぞく》させたり、商人の娘だったり、とにかく身分よりも家光の好みに合いそうな女性にターゲットを絞《しぼ》った。

お福のこのような大胆な作戦が身を結び、やがて家光は女性とセックスできるようになり、お福の願いどおりにお世継をもうけることに成功した。

こうしたお福のお世継誕生への執念が、大奥を発展させたともいえる。この後ドラマでお馴染《なじ》みのように、大奥は女性たちが将軍の寵愛《ちょうあい》をめぐる競い合いで火花を散らす場となっていく。

なぜ平安時代後期の天皇はみな子だくさんだったのか

現代の少子化時代に比べ、平安時代を中心とする中世日本の歴代天皇は、ひじょうに子どもの数が多かった。桓武《かんむ》天皇は三六子、嵯峨《さが》天皇三三子、文徳《もんとく》天皇三三子、光孝《こうこう》天皇四九子、醍《だい》醐《ご》天皇三六子、亀山《かめやま》天皇三五子といった具合である。

かつての歴代天皇に子どもが多いのは、貴族たちが天皇の外戚《がいせき》になるために、自分の娘を次から次へと後宮へ入れたからである。後宮とは、天皇の複数の妻が待機《たいき》する場所であった。天皇よりお声がかかれば後宮から夜の御殿《ごてん》に入って、天皇と結ばれる。

これではいくら元気な天皇でも後宮の女性全員を満足させることなどとても無理な話だ。ほったらかされて悶々《もんもん》とした女性たちは、しばしば他の男と密通事件を引き起こしたのである。

とはいえ、当時は密通は咎《とが》め立てされる行為ではなかった。この時代の男女関係は、夫婦であろうと同居せず、男が女のもとに通《かよ》うシステムなので、モテる女性のところには、毎晩のようにさまざまな男が通ってくる。当然男同士の争いが生まれそうだが、自分の愛妾《あいしょう》だからといって独占しようという感情はなく、それどころか自分の愛妾を次々とほかの男に抱かせたり、愛妾の紹介で他の女と情事をすることすら珍《めずら》しくなかった。天皇の后妃《こうひ》ですら平気でほかの男と関係を結んでいる。

ここまで男女関係が乱れたのは、かつては男は男、女は女だけで行なわれた歌合わせや貝合わせといった遊芸娯《ご》楽《らく》が男女合同で行なわれるようになり、男女の出会いの場が生まれたからだ。

つまりいまでいう合コンのようなものので、この時代はまだ貞操《ていそう》観念など存在しないから、お互いに気に入ればすぐさま関係をもった。この時代、男女関係はたんなる社交だったといっても過言ではない。

6 血で血を洗う権力闘争

背すじも凍る凄惨な暗殺の応酬——

女奴隷から這い上がり、権力を手に入れた女

女奴隷《どれい》の身分からスルタン（君主）の生母としてオスマントルコの実権を握《にぎ》ったのが、フルレムである。一般にヨーロッパでは「ロクセラーナ」という名で知られている。フルレムはロシア生まれの美女だった。女奴隷としてトルコのハーレムに売られたが、その美しさでスレイマン一世を虜《とりこ》にすると、権力を握るために、さまざまな変革を夫に認めさせていった。

まずスレイマン一世を説得して、自分がセラーリオに住むことを認めさせた。当時のハーレムの女性は旧宮殿に住むのがならわしだった。ところがフルレムは、スルタンの居住区であるセラーリオに住むことを望んだのである。

これが、後にスルタンの母后がひそかに政治の実権を握るための布石になる。つまり、スルタンと同じ居住区にいるため、ここからスルタンの意向であるとして宦《かん》官《がん》に命を出し、それを宦官が重臣たちに伝えることが容易にできるようになったのである。

スレイマン一世を骨抜きにしたフルレムだったが、彼女には大きな心配事があっ

た。フルレムには四人の皇子がいたが、フルレムはこのとき第二夫人にすぎなかった。そして第一夫人・ギュルバハルにはムスタファという皇子がいた。

トルコでは長子相続という決まりはなかったが、「新スルタンの兄弟はすべて殺す」という法律があった。これは熾烈《しれつ》な後継者争いをなくすためである。したがって、このまま手をこまねいていると、四人の息子は殺されてしまう可能性がある。

そこで、なんとかムスタファを排除しようとフルレムが講じたのが、ムスタファを裏切り者にしたてあげる策略だった。

まず、ムスタファが実権を握るために、父であるスレイマン一世を退位させる手助けを求める内容が書かれた、イランの王へ宛てた密書をつくった。そしてそれが、まるで偶然のようにスルタンの手下に発見されるよう仕組んだのである。計画どおりこの手紙を信じたスレイマン一世によってムスタファは殺されてしまい、母のギュルバハルも追放された。

しかし、フルレムはそれでも安心はしなかった。宰相《さいしょう》・イブラヒムがいたからである。政変に敏感なイブラヒムに、もしもムスタファへの裏工作がフルレムの仕《し》業《わざ》だと嗅《か》ぎつけられたら、自分の身が危ない。

そこでフルレムは、スレイマン一世に、イブラヒムは処刑すべきだと熱心に進言した。いったいどんな容疑がイブラヒムにかかったのかは、定かではない。しかしながら、フルレムの願いどおりに、スレイマン一世はイブラヒムを処刑した。一説には、フルレムはもともと、このイブラヒムの奴隷だったともいわれている。

さて、こうして政敵のすべてを排除して、フルレムは息子のセリムを次のスルタン（セリム二世）にすることができた。

しかし、セリム二世は気の小さい男だったらしく、このような陰謀《いんぼう》から目をそむけようと酒に溺《おぼ》れていった。フルレムはそんなわが子をいさめるどころか、むしろさらに飲酒を煽《あお》り、自らがまるでスルタンであるかのごとく政治を取り仕切ったのだった。

藤原道長一家を呪い殺した顕光親子の祟り

平安時代、藤原氏がとった後宮政策によってもっとも栄華をきわめたのが藤原道《みち》長《なが》である。道長は、兼家《かねいえ》の五男だったが、五男であることが幸いした。兼家が種を蒔《ま》いた後宮政策が実るころに成人して、それを享受《きょうじゅ》できたからである。兄たちはすでに中年に達していたため、実質的権力を手中にできたのは道長だった。

また、当時流行した病によって、政敵の多くが病死したことも道長にとっては幸運だった。

さらに、道長は後宮政策を徹底したが、そのために不運に見舞われた人もいる。たとえば、左大臣の藤原顕光《あきみつ》とその娘・延子《えんし》である。

三条天皇は、道長の露骨《ろこつ》な後宮政策を憎んでいたため、皇太子にはあえて道長が望まない敦明《あつあきら》親王を立てた。これに喜んだのが顕光だった。娘の延子は敦明親王の妻であり、敦貞《あつさだ》親王を産んでいた。敦明親王が天皇になれば、孫の敦貞親王は皇太子となり、やがて孫が天皇に即位すれば自分は外祖父として権勢を振るえる。道長たちが権力をほしいままにやってきたことが、今度は自分の手で行なえるのである。

しかしながら、そんな事態を黙って見ている道長ではなかった。敦明親王に圧力をかけて、皇太子の位を自ら退くように説得したのである。道長は、脅《おど》しをかけながらも、いっぽうで敦明親王にアメを用意していた。

まず敦明親王には経済の安定を保障した。皇太子時代と同じレベルの生活ができるように、年給などは従来どおりに給付されるようにしたのである。そして、娘・寛子《かんし》を嫁に出すと約束した。自分の娘婿として、厚遇するということである。当時は通《かよ》い婚で、妻の実家が経済的負担をになう場合も多かった。いまをときめく道長の娘婿となれば、贅沢《ぜいたく》な暮らしをして安穏《あんのん》と過ごせるというわけである。

結局、敦明親王は窮屈《きゆうくつ》な思いをして、道長に疎《うと》まれながら天皇になるよりも、平穏で贅沢な暮らしができるほうを選んだ。しかも、妻の延子はすでに三〇歳を超えた年増で、いっぽう道長の娘の寛子は一九歳。男として、寛子に興味をもったとしても無理のないことだった。

天皇の外戚となる機会を失った顕光と、夫を奪われた延子は失意のうちに亡くなってしまった。しかし、その悔《くや》しさのあまり、怨霊《おんりよう》となって寛子に取り憑《つ》いたのか、やがて寛子はあっけなく死去してしまう。

また、道長の六女・嬉子《きし》は、敦明親王から皇太子の位を譲られた敦良親王の妃《きさき》になって懐妊《かいにん》するが、出産後わずか二日で死去してしまった。

そのうえ、道長の次女・妍子《けんし》や四女の威子《いし》なども、

ふたりの怨霊に悩まされ、やがて、妍子は亡くなってしまった。そして、道長自身も六二歳の生涯《しょうがい》を閉じることになる。道長一家に次々と訪れた不幸は、顕光親子の祟りだとしきりに噂されたのだった。

平城天皇を籠絡《ろうらく》し、自在に操った藤原薬子

娘の夫を誘惑する——そんな信じられない手段をつかい、野望を遂《と》げようとした女性が実在する。藤原薬子《くすこ》である。歴史の教科書に出てくる「薬子の変」の当事者でもあるあの薬子である。

薬子は、藤原種継《たねつぐ》の娘として生まれた。種継は、桓武《かんむ》天皇が都を平城京から山城国の長岡へ遷都《せんと》するときに、その長岡京の造営の総指揮を任されていた。といっても、位は中納言《ちゅうなごん》だったから、朝廷の重職にあったとはいえない。

ところが、種継は、長岡で何者かの手によって殺されてしまう。これは、長岡京遷都への妨害工作だとされ、首謀者《しゅぼうしゃ》として挙げられた皇太弟《こうたいてい》の早良《さわら》親王が淡路《あわじ》島へ配流《はいる》となった。早良親王は、自分は潔白であると抗議して船の上で食を絶って自死した。

一説には、桓武天皇が、邪魔者である早良親王を抹殺《まっさつ》するために、首謀者という汚名を着せたともいわれている。

薬子は、遠方の地で殺された父の無念をただ見守るしかなかった。やがて薬子は、同族の藤原縄主《ただぬし》と結婚して三男二女を産み、長女を皇太子だった安殿《あて》親王の後宮に入れる。そして夫が東宮大夫となると、薬子も東宮に仕えた。

ところがここで、信じられないことが起こる。薬子は安殿親王と男女の仲になってしまうのである。破廉恥《はれんち》な行為に激怒した桓武天皇により、薬子は宮廷追放の身となるが、薬子の魅力にハマった安殿親王は、薬子の元に通いつめた。

薬子の娘は母と夫の不倫を知り、絶望のあまり宮中の池に身を投げたという。しかし、ふたりの関係は、そのような悲劇が起こっても終わらなかった。

桓武天皇が七〇歳で崩御《ほうぎょ》し、安殿親王が平城《へいぜい》天皇となると、ただちに薬子は宮廷に呼び戻されて、尚侍《ないしのかみ》という重職を賜《たまわ》った。薬子よりも上位の女性はいたものの、平城天皇の後ろ盾《だて》があるため、勝手気ままに振るまっていたようだ。

平城天皇は、自分なりに天皇の役目を果たそうと政務に打ち込んだが、精神的ストレスを抱《かか》えてしまい、わずか三年で天皇の地位をあっさり投げ出してしまう。そのため、皇太弟の神野《かみの》親王が嵯峨《さが》天皇となった。

上皇となった平城は、旧都の平城京でのんびりと静養した。寵愛《ちょうあい》する薬子とゆったりとした暮らしを楽しむはずだったのだが、一度手に入れた権力を手放してしまうのは薬子の気性からして難しかったようだ。薬子にそそのかされたのか、平城上皇も、もう一度、自分が天皇に戻りたいと思うようになり、ついには自分が住んでいる平城京を再び都とするという平城京遷都を宣言してしまう。

それを聞いて激怒したのが嵯峨天皇である。一度譲《ゆず》った天皇位をまた返せといわれても納得できるはずもない。まずは、薬子の兄の仲成《なかなり》を反逆者として捕《と》らえて処刑し、薬子追討《ついとう》軍を派遣したのである。

薬子と平城上皇も東国で挙兵しようとするが、途中でふたりとも捕まり、平城上皇は平城京に連れ戻されて出家させられた。もはやこれまでと敗北を悟《さと》った薬子は、毒を飲んで自害してしまった。

側室の身分では我慢できず、皇后を毒殺！

中国・前漢の時代、武帝《ぶてい》を呪詛《じゅそ》したという嫌疑をかけられた戻太子は、挙兵したものの敗れ、自殺した。このとき、太子の関係者はことごとく殺されたが、幼い孫がひとり、見張り番によって助け出されて生き残った。しかし彼は、身分を明かすことなく庶民として貧しい暮らしを送っていた。

ところが、武帝の後継者たちは、若くして不審な死を遂《と》げたり、あまりにも素行が悪くて重臣たちから退位させられたりしたため、候補がいなくなり、やがて民に下っていた武帝のひ孫が探し出され皇位を授けられた。それが、前述した唯一の生き残りで、戻太子の孫の宣帝《せんてい》である。

宣帝が即位すると、誰もが皇后には当時の実力者だった霍《かく》氏の娘がなると信じていた。しかし宣帝は、許平君《きよへいくん》をまず側室として後宮に入れ、続いて皇后にした。結局、霍氏の娘は側室のままとなった。

許平君の父は、男性器を切り落とされる宮刑に処せられて、宦官となった身だった。皇后の父がそのような経歴の持ち主ではふさわしくないと誰もが感じたが、宣帝の強い希望があり、反対できなかったのである。

許平君と宣帝の間には、ふたりの子どもができ、そのうちのひとりはのちの元帝となる。しかし、許平君はふたり目を出産した直後、侍医によって処方された薬を飲み、急死する。側室では我慢できなかった霍氏の娘の命により毒殺されたのだった。

当時の宮廷は、霍氏が牛耳《ぎゅうじ》っていたため、宣帝は霍氏の娘を罰《ばっ》することはできなかった。さらに屈辱《くつじょく》的だったのは、霍氏の圧力に負けて、その娘を皇后に立てるしかなかったことである。

しかし、どんな人にも死はやってくる。一八歳で即位してからも、力がなく霍氏に実権を握られていた宣帝だったが、霍氏が死ぬと、徐々に霍氏一族の力をそいでいった。そして宣帝は、このままでは自分たちの勢力が脅《おびや》かされると焦《あせ》った霍氏一族が、クーデターを企《くわだ》てるように仕向けたのである。こうして霍氏一族を反逆者として粛清《しゅくせい》し、宣帝は権力を手にした。

宣帝は、許氏の復讐のために、霍皇后を廃妃しようとするが、臣下に止められて、思いとどまったという。

タージ・マハルの創建者をめぐる血塗られた因縁

インドのタージ・マハルはもっともロマンチックな白い墓標《ぼひょう》といわれている。なぜなら、これはシャー・ジャハーンが亡き愛妃ムムターズ・マハルを偲《しの》んで建てさせたものだからだ。シャー・ジャハーンとマハルの間には一四人もの子どもがいたという。

シャー・ジャハーンの治世で一七世紀のムガル帝国はもっとも繁栄し、ヨーロッパ人からは「壮麗王」と呼ばれていた。マハルは出産後の産褥《さんじょく》熱で死去したが、このとき三七歳とも四〇歳だったともいわれている。

けっして若くして亡くなったわけではないが、シャー・ジャハーンにとってはかけがえのない女性で、タージ・マハルの建設には、自国民だけでなくヨーロッパからも多くの金銀細工師が集められ、七年の歳月をかけて建設された。

さて、このように紹介すると、シャー・ジャハーンは穏やかで妃を愛するよき夫といったイメージだが、外見こそ細面の端正な顔立ちをしているものの、気性は激しく、戦場にも自ら出ていくような軍人だった。

もともとシャー・ジャハーンは第三皇子だったため、皇位継承者ではなかったが、戦場で父の死（誤報）が伝えられると、すぐさま同行していた長兄のホスコウを暗殺した。そして、突然死のように偽装《ぎそう》したのである。

しかし、このままでは次期シャーは第二皇子のものになる。そのため、父に反旗《はんき》を翻《ひるがえ》して皇位を狙ったものの、敗走して五年間も逃亡生活を続けた。そして、今度こそ本当に父が亡くなると、第二皇子をはじめ、自分の子ども以外の皇位継承者を皆殺しにして実権を握《にぎ》ったのだった。

冷酷な方法で皇位についたシャー・ジャハーンだったが、因果はめぐる糸車、月日は流れて、同様の行為を息子から受けることになる。シャー・ジャハーンは、病にかかると、人徳のある息子のダーラーを後継に指名したが、それを快《こころよ》く思わなかったのが三男のアウラングゼーブである。

アウラングゼーブの不穏な動きを察知したシャー・ジャハーンは、息子を呼び寄せてそこで暗殺しようとした。けれども、一枚上手《うわて》だったのは息子のほうだった。父の部下たちを懐柔《かいじゅう》して味方につけ、逆に父を幽閉《ゆうへい》してしまったのである。まる

で奴隷《どれい》のようなひどい扱いを受けながら、シャー・ジャハーンは、命が尽《つ》きるまでの八年間をそこで生きなければならなかった。

アウラングゼーブは、父のシャー・ジャハーンと同じく皇位継承者たちを排除した。なかでもダーラーは、汚い布とターバンを巻いただけのみすぼらしいかっこうでよぼよぼの象に乗せられて街中を引き回され、見世物にしたあげく、地面に引きずりおろされて数人がかりでおさえつけられ、首をはねられたという。

そして、ダーラーの息子・スレイマンを捕らえると、ひそかにアヘンを盛り、本人に気づかせることなく過剰摂取させて、あの世へと送ったのだった。

我が子擁立のために島津斉彬を呪殺！

幕末期の薩摩《さつま》藩にあって、大きなお家騒動があった。一般には、原因となった側室の名をとって「お由羅《ゆら》騒動」と呼ばれている。

お由羅は、薩摩藩一〇代藩主・島津斉興《なりおき》の側室で、斉興との間に久光《ひさみつ》という男の子をもうけた。お由羅は、薩摩藩江戸屋敷に奉公に出ていたところ、斉興の目に留《と》まり、側室になったのである。

江戸の町民の出身だったお由羅が、薩摩藩主の側室になれたというだけでもかなりの幸運だった。しかしそれだけでは満足できず、お由羅はぜひともわが子を次期薩摩藩主にしたいと考えるようになったのである。

斉興には、正室との間に嫡子《ちゃくし》・斉彬《なりあきら》がすでにいた。ひじょうに優秀であると評判で、幕府の中枢《ちゅうすう》の重臣たちとも懇意《こんい》にしていた。誰が見ても、正統な次期薩摩藩主だった。

しかし、お由羅は斉興の寵愛をいいことに、なんとか久光を藩主にしてくれるように斉興に必死に請《こ》う。そのため、お由羅がかわいくてたまらない斉興の心は、少しずつ傾いていったようである。

また、お由羅は、薩摩藩の財政担当だった調所広郷《ずしょひろさと》とも手を結んでいた。そしてお由羅はついに禁断の手をつかう。

斉彬には六男五女がいたが、不思議なことに、そのほとんどが幼くして死んでしまった。とくに跡継ぎとなるべき男の子は、もっとも長生きした五男でもわずか七年しか生きられなかった。これは、すべてお由羅の呪詛《じゅそ》が原因だったといわれている。

二男が亡くなったときには、その部屋の床下から呪詛に用いたらしい人形まで見つかった。しかも、書かれた呪いの文字は、お由羅派に与《くみ》する牧仲太郎の筆跡に間違いなかったとまで伝えられている。

そんなお家騒動を黙ってみていられなかったのが、斉彬を支持する薩摩藩士たちだった。お由羅を権勢から引きずりおろし、この際斉興も隠居させて斉彬を藩主に据《す》えようと策謀《さくぼう》したのだ。

しかし、この企《くわだ》ても未然に発覚して、斉興による粛清が始まる。六名が切腹、四十数名が死罪や流罪《るざい》などの処分を受けた。ひどい処罰が横行したため、脱藩した藩士がほかの藩主に窮状《きゆうじよう》を訴《うつた》え、幕府の知るところとなり、斉興の引退勧告《かんこく》が出たほどだ。それでも斉興は、引退をせずに藩主の座におさまっていたが、非難に耐《た》えきれず、ついに翌年になって引退した。

結局斉彬が次の藩主になるのだが、お由羅はまだ息子を藩主にすることをあきらめてはいなかった。

そして、お由羅の執念は、斉彬本人の命まで奪《うば》ったのである。斉彬が藩主だったのはわずか七年。突然、倒れて帰らぬ人になった。一説には毒殺されたのではないかといわれている。

斉彬が死に、斉彬の男児もすべて死んでいたために、斉彬の後は、久光の長男・

忠義《ただよし》が薩摩藩主となった。久光は藩主にはなれなかったものの後見人となり、実権を握ったのである。

この後継者争い、最後に勝利をおさめたのは、お由羅だったといえる。

夫を別荘ごと木《こ》っ端《ぱ》微塵《みじん》にした女王

王や皇帝は後宮に多くの美女を囲《かこ》い、自由な恋愛を謳歌《おうか》したが、女王の場合は、そのような自由が許されなかった場合もある。

一六世紀のスコットランド女王メアリー・スチュワートは、不倫のすえ夫殺しの嫌疑《けんぎ》をかけられて人気を失い、やがてイギリスの女王エリザベス一世に幽閉され処刑されてしまった。

メアリーは、父とふたりの兄が早くに亡くなったために、生後一週間でスコットランド女王となる。その後、六歳で実母の母国フランスの皇太子フランソワの妃《きさき》となるべくフランス宮廷で育った。

容姿《ようし》端麗《たんれい》、音楽、舞踊も得意なうえ、ラテン語などの学問も優秀、しかも運動神経も抜群《ばつぐん》で狩猟の腕も男性に負けなかった。美と知恵を兼ね備《そな》えた、スコットランドの生まれながらの女王で、フランスの皇太子妃という出自では、非の打ちどころがないと絶賛された。

やがて、フランスのアンリ二世が急死すると、一五歳だった夫のフランソワが即位（フランソワ二世）。メアリーは一六歳でフランス王妃となった。

ところが、翌年、一六歳の若さでフランソワ二世が病死してしまう。世継《よつぎ》がまだのうえスコットランドにいた母も死去したため、メアリーはスコットランドを統治するために帰らなくてはならなかった。女王とはいえ、六歳で母国を離れたメアリーである。スコットランドは洗練されたフランス宮廷とはなにもかも勝手が違い、やがてそれが悲劇を生むことになる。

未亡人となったスコットランド女王には、各国の王家から縁談が持ち込まれたが、恋に奔放《ほんぽう》なメアリーはプレイボーイのイギリス人、ダーンリー卿《きょう》ヘンリー・スチュワートと結婚してしまう。しかし、ダーンリーは、メアリーの秘書を殺す事件を起こしたため王位継承者にはふさわしくないと周囲の非難《ひなん》を浴び、ふたりの仲は急速に冷めていった。

ダーンリーは愛人をつくっていたが、メアリーにも好きな人ができた。それがボスウェル伯である。しかし、メアリーもボスウェルも既婚《きこん》者でダブル不倫の関係だった。

スコットランドでは、いかに女王といえども不倫は許されない。さらに運の悪いことに、メアリーはボスウェルの子どもを妊娠していた。

焦《あせ》ったメアリーは、病気の療養で別荘にいた夫・ダーンリーを抹殺《まっさつ》するべく、別荘に爆弾を仕掛けた。夫さえ死ねば離婚が成立すると考えたのである。すさまじい爆発で別荘は木っ端微塵《ぱみじん》となり、瓦礫《がれき》のなかからダーンリーの遺体が見つかった。

そして、メアリーはまるで何事もなかったかのように、この事件の三か月後には、ボスウェルと結婚した。

この変わり身の早さが国民の怒りを買い、メアリーは夫殺しの嫌疑《けんぎ》をかけられることになったのだ。国内の貴族たちは結束して女王を糾弾《きゅうだん》し、反乱を起こした。

結局、メアリーとボスウェルは城を逃げ出すしかなかった。

メアリーは捕まり、女王を辞して息子のジェームズへの譲位に同意させられた。その後、メアリーは一度は逃亡に成功し、反旗を翻したものの戦いに敗れ、スコットランドにはいられなくなって、いとこのエリザベス一世を頼りイギリスへ逃れた。

しかし、最後には、イギリス議会の承認のもと、死刑となったのは前述したとおりである。

権力のためには息子とさえ寝た皇后

色仕掛けで男性をまどわし、思いどおりに事を進める。それは野心を抱く女性の常套《じょうとう》手段だが、それにしても行き過ぎだと思わせるのが、古代ローマの第四代皇帝クラディウスの四番目の皇后アグリッピナだ。有名な暴君ネロの生母である。

アグリッピナは、残虐《ざんぎゃく》なローマ皇帝として知られたカリギュラ帝のじつの妹でもある。一説にはアグリッピナの初体験の相手はこの兄だったという。

一七歳でシチリア島総督のアヘノバルブスと結婚して二二歳でネロを産んだが、三年後に未亡人となった。ここからアグリッピナの、息子を皇帝にするためのさまざまな陰謀《いんぼう》が始まった。

まず兄のカリギュラ暗殺計画をたてるが、失敗に終わり流刑《るけい》の身となってしまう。しかし、カリギュラが近衛《このえ》兵に暗殺されて、アグリッピナの叔父《おじ》であるクラウディウスが即位したために、罪を許されてローマに戻ってきた。

次にアグリッピナが狙ったのは、皇后の地位だった。息子を皇帝にするための足固めになると思ったのである。このときアグリッピナは三三歳。成熟した女の色気で叔父《おじ》を誘惑し、さらには皇帝の側近で実力者だったパルラスをも虜にして、自分を皇后に推すように仕掛けていく。

性には比較的寛容なローマでも、叔父と姪《めい》の婚姻は認められていなかった。そこをパルラスらの助力で、法律を変えて無理やり皇后の座についたのである。皇后になると、叔父のクラウディスを説得して、連れ子のネロを養子とさせた。

このほかアグリッピナは、自分の味方に引き込みたいと思った臣下なら、誰かれかまわずセックスをして、思いどおりにしていったという。いっぽうで、皇帝が目をかけた女性たちは、すぐに追放したり暗殺したりした。

やがてアグリッピナの野望は最終段階に入っていく。ネロを皇帝位に就《つ》けるため、叔父のクラウディスの殺害を謀《はか》ったのである。

アグリッピナはクラウディスが大好きなきのこ料理に毒を盛る。ひと口食べて苦しみだしたクラウディスに対して、心配そうに駆《か》け寄るアグリッピナ。侍医に向かって「早く処置をお願い」と必死の形相で頼むと、侍医は心得ているとばかりに、毒をはかせようと鵞鳥《がちょう》の羽根を咽《のど》に差し込んだ。しかし、この羽根の先にも猛毒が塗《ぬ》られていたのである。そのままクラウディスは絶命してしまった。

こうして、アグリッピナの願いどおりにネロは皇帝の座についた。息子ゆえにこれからはなんでも自分の思いどおりに事が運ぶとアグリッピナは上機嫌だった。

しかし、親が親なら子も子である。ネロは、どうにかして母の支配から逃れたいと思い、母の腹心の部下だったパルラスを追放し、アグリッピナを宮廷から追い出してしまった。

アグリッピナも黙ってはいない。宴会《えんかい》にあらわれ、ネロを誘惑したのだ。女の色香を漂《ただよ》わせ、手練手管《てれんてくだ》を用いるアグリッピナの誘惑にネロはたちどころに負けてしまった。こうして、アグリッピナは女の武器で息子を意のままに操るようになった。

しかし、これではいけないと思ったネロによって、結局は暗殺されてしまった。

このあと、ネロが暴君としてローマに君臨《くんりん》したのは承知のとおりである。

政略結婚と暗殺をくり返した一族

華やかなルネサンス時代にあって、まるで花のように美しくはかなげな外見ながら、近親相姦《きんしんそうかん》さえいとわず、淫乱《いんらん》で男性を不幸にする悪女といわれたのが、ルクレツィア・ボルジアである。

透きとおるような白い肌に淡《あわ》い金髪、まるで無垢《むく》な少女のようだったというその外見とは裏腹に、彼女の行く先々ではなぜか血なまぐさい事件が起こるのだった。

ルクレツィアの父はローマ法王・アレッサンドロ六世、母はヴァノッツァである。兄には冷酷無比《れいこくむひ》といわれたチェーザレがいる。ルクレツィアは父や兄からひじょうにかわいがられたため、巷《ちまた》では彼らと近親相姦の関係にあったという噂もある。

ルクレツィアは一三歳になると、ミラノ公国のジョバンニ・スフォルツァと政略結婚させられた。当時のイタリアは日本の戦国時代のように小国家に分かれていて、互いに勢力争いをしていた。ローマを本拠地とするボルジア家が強力ライバルであるミラノと手を組むための婚姻だった。

しかし奇妙なことに、ルクレツィアは結婚後も、決してジョバンニとは寝室をともにしなかった。四年後、ルクレツィアは夫が不能であるとして離婚した。もちろんこれは、父のアレッサンドロが、フランスと手を結んだジョバンニとの同盟を解消するための口実だった。

そんななか、ルクレツィアが父や兄の命に背《そむ》いて恋仲になったのが小姓《こしょう》・ペドロだった。ルクレツィアはペドロの子どもを宿《やど》したが、激怒したチェーザレによってペドロは殺され、遺体は川に放り込まれた。そして、ルクレツィアは男の子を出産したという。

次にルクレツィアが嫁《とつ》がされたのはナポリ王子・アルフォンソである。恋人が死んでも息子と別れさせられても、ルクレツィアはボルジア家の繁栄のために素直に政略結婚に応じた。

しかし、夫のアルフォンソは街角で暗殺されそうになる。命からがら逃げ帰ったものの、ルクレツィアがふと目を離したすきに、ふたたび刺客《しかく》に襲われて絶命した。

ボルジア家は、ナポリと同盟を結ぶためルクレツィアを嫁がせたものの、このころ、方向転換を図って宿敵フランスと手を結んだ。そのため、用済みになったナポリ王子のアルフォンソを殺害したといわれている。

未亡人になったルクレツィアの三度目の嫁ぎ先は、フェラーラ公国の当主アルフォンソ・デステだった。これは、政略結婚というよりは、そろそろ娘の身を固めさせなくてはならないといった父の親心だったようだ。

このころにはボルジア家は呪われた家系として人々の話題にのぼるようになっていたため、多額の持参金を積んで、なんとか名家へ娘を落ち着かせたというのが真相のようだ。ところが、ルクレツィアが嫁いだ翌年、父と兄は、招待されたパーティーの料理に毒を盛られてしまう。

父は死に、兄のチェーザレは、命は助かったものの衰弱《すいじゃく》し、一気に没落《ぼつらく》して逃亡生活を余儀《よぎ》なくされ、捕らえられて獄死した。一説には、脱獄して再起を図ったものの戦いに敗れたともいわれている。

こうして、ボルジア家の没落とともに、ルクレツィアの、政略結婚に振り回された生活は終わり、ルクレツィアはフェラーラでその生涯を閉じたのだった。

不倫カップルは毒殺遊びがお好き！

一七世紀のフランスに、金と男と毒薬に溺れた女性がいた。ブランヴィリエ侯爵夫人ことマリー・マドレーヌ・ドーブレだ。司法官の父親をもつ堅《かた》い家庭で育ったにもかかわらず、ふたりの弟とも関係をもったほどの淫乱な女性だった。

マリーは二一歳で結婚するが、夫のブランヴィリエ候爵というのがマリーに負けず劣《おと》らずの遊び人で、ちっとも家に帰って来なかった。この状況に男好きのマリーが満足できるはずもなく、「夫が遊ぶなら、私も遊ぶわ」とばかり、自分も堂々と男遊びを始めたのである。

とくに親密だったのがサント・クロワという騎兵隊将校で、愛人関係になったふたりは、当時大流行していた賭博《とばく》に夢中になり、毎夜遊びほうけたのである。

あきれた話だが、夫婦そろって不倫をしているだけならまだ問題はなかった。そのうち、マリーとサント・クロワは賭博に負け続けて借金がふくらみ、にっちもさっちもいかなくなってしまったのだ。

そんなとき、娘のあまりにもふしだらな行動に怒った司法官の父親が、職権を乱用してサント・クロワを逮捕するという事件が起きた。結局、サント・クロワは二か月もしないうちに牢《ろう》から出たが、父親に激怒したふたりは、遺産目当てなのも手伝って、父親を毒殺しようと計画したのである。

当時の医学では被害者の遺体から毒物を検出するのは難しかったため、完全犯罪が充分可能と目論《もくろ》んだふたりは、まずその効果を試そうと、砒素《ひそ》を忍ばせたワインやお菓子をもって慈善《じぜん》病院を訪問した。砒素がちゃんと効くか、さらにそれで死亡した患者から砒素が検出されるかどうかの実験を開始したのだ。

その結果、成功を確信したふたりは、さっそく父親の食事に砒素を混入し始めた。急に死亡すれば疑われるので、なんと八か月もかけて少しずつ少しずつ毒殺計画が進められたのである。

こうして父親を見事殺害したマリーだが、期待していた遺産の大半がふたりの弟のものになってしまい、マリーにはほんの少ししか入ってこなかった。当てが外れたマリーは、なんと今度はふたりの弟を次々と毒殺。

このころから、すっかり毒殺の楽しさにはまったマリーは、ただ毒殺の快楽を求めて、女中や妹、従姉妹《いとこ》まで毒殺し、ついには夫を毒殺して愛人のサント・クロワと再婚しようとまで考え始めた。

ところが、マリーの恐ろしさを十分知っているサント・クロワは、再婚などしたら次に狙われるのは自分だと考え、マリーが何度夫に毒を盛っても、ことごとく解毒剤を飲ませて命を助けたのである。

そうこうしているうちに、サント・クロワが毒薬実験中の事故で死亡し、マリーのこれまでの犯行が発覚。全裸で拷問台《ごうもん》に縛られ、足を広げられて屈辱《くつじょく》的な姿にさせられたマリーは、五時間にわたって水を飲ませられ続け、全身を痙攣《けいれん》させて苦しんだ挙句《あげく》、すべての罪を白状し、パリのグレーヴ広場の断頭台で処刑された。

こんな苦しい拷問にあったにもかかわらず、何ひとつ反省の色を見せなかったマリーの最期の言葉は、「なぜみんなやってるのに、罰《ばつ》を受けるのは私だけなの？」だったそうである。

邪魔になった元妻を無実の罪で処刑した暴君

一六世紀のイギリス国王ヘンリー八世は、当時勢力を拡大していたスペインの王女・キャサリンと結婚した。キャサリンはもともとヘンリー八世の兄・アーサーの妃だったが、アーサーが結婚から数か月後に急死してしまい、キャサリンは若くして未亡人となってしまっていた。

スペインとの同盟をなんとしても維持したかったイギリス王室は、当時禁止されていた兄の妻との結婚をローマ法王に頼み込んで特別の許可をもらい、ふたりの結婚を実現させたのだ。

しかし、ここまで苦労して結婚したというのに、ヘンリー八世は、やがてキャサリンと離婚したいと考えるようになった。なぜならちょうどそのころに現れたキャサリンの侍女《じじょ》アン・ブーリンが気に入ってしまい、できることならキャサリンと離婚して、アンと再婚したいと考えるようになったからである。

こうしてさっそくアンに手を出し、見事アンは身ごもったが、ローマ法王がキャサリンとの離婚を認めず、ヘンリー八世はアンと再婚することができなかった。業を煮《に》やしたヘンリー八世は、イギリスの教会をローマから独立させて聖職に関する全権を国王である自分に移してイギリス国教会を設立し、カンタベリー大司教に命令して、キャサリンとの離婚と、アンとの結婚を認めさせたのだ。

ふたりは晴れて結婚し、キャサリンをアムトヒルの地に追いやるとともに、キャサリンとの間に生まれた娘を私生児にしてしまった。

しかし、これで一件落着かというと、そう簡単にヘンリー八世の思いどおりにはいかなかった。事態を知ったローマ法王が激怒し、二人の結婚は無効であると宣言。しかも、ローマ法王まで怒らせて結婚したのに、アンが産んだのは女の子（後のエリザベス一世）だった。待望の男の子ではなかったと知ったヘンリー八世は、大変失望したという。

さらに、キャサリンをないがしろにされたスペインのカルロス一世が、イギリスに戦争を仕掛けるのではないかという噂まで出て、ヘンリー八世はほとほとアンが邪魔になってしまった。彼女はその後もう一度妊娠し、男の子を身ごもったが流産してしまい、これをきっかけに、ヘンリー八世は本格的にアンの追い落とし作戦を開始したのだ。

ヘンリー八世は宰相《さいしょう》トマス・クロムウェルに命令し、アンが自分の兄をはじめとする青年貴族四人と不倫をしているという噂を流させ、アンを含む全員を逮捕。全員が有罪となり、ロンドン塔広場の処刑台で斬首された。アンの首は「王をたぶらかした罪人」として、しばらく町の橋の上に晒《さら》されたという。

一方のヘンリー八世はといえば、アンが処刑された一〇日後に、新しい愛人ジェーン・シーモアと結婚。その素早さにロンドン市民は誰もが大いに驚いたのだった。

＊　　＊

本書を通して、人間のもつ欲深さや残忍さを痛感していただけたのではないだろうか？　しかしながら、これは遠くかけ離れた世界の話ではないのだ。ここで紹介したおぞましき闇は、あなたの心にも潜《ひそ》んでいるのかもしれない。

●左記の文献等を参考にさせていただきました——

『「史記」の人物学』守屋洋、『「大奥の謎」を解く』中江克己、『大奥の美女は踊る』雲村俊慥（以上、ＰＨＰ研究所）／『愛と残酷の世界史』桐生操（ダイヤモンド社）／『ヒロインの日本史』梓澤要、『王たちのセックス』エレノア・ハーマン著、高木玲訳（以上、ベストセラーズ）／『徳川将軍家の真実』山下昌也（学習研究社）／『知っ得後宮のすべて』國文學編集部編、『日本の後宮』角田文衛（以上、學燈社）／『「三国志」を読む』井波律子、『三国志事典』立間祥介、丹羽隼兵、『紫禁城』入江曜子（以上、岩波書店）／『古代の皇位継承』遠山美都男、『後白河院　動乱期の天皇』古代学協会編（以上、吉川弘文館）／『日本女性の歴史8　将軍と大名の夫人』（暁教育図書）／『魅惑の女』西村孝次（研究社出版／『中国残酷物語』山口椿（幻冬舎）／『〈青髯〉ジル・ド・レの生涯』清水正晴（現代書館）／『列女伝　歴史を変えた女たち』山崎純一（五月書房）／『平安京解体新書』コーエー出版部編（光栄）／『マハラジャ歓楽と陰謀の日々』ディワン・ジャルマニ・ダス著、佐野光昭訳（荒地出版社）／『悪女たちの残酷史』岳真也、『江戸奥女中物語』畑尚子、『国をゆるがす女たち』安西篤子ほか、『国王を虜にした女たち』川島ルミ子、『酒池肉林　中国の贅沢三昧』井波律子、『性愛奥義』植島啓司、『天璋院篤姫と大奥の女たちの謎』加来耕三、『歴史を騒がせた「悪女」たち』山崎洋子、『ファーストエンペラーの遺産』鶴間和幸、『吉村作治の古代エジプト講義録・下』吉村作治（以上、講談社）／『大奥のおきて』由良弥生（阪急コミュニケーションズ）／『中国的大快楽主義』井波律子（作品社）／『中国史を語る』山口修（山川出版社）／『中国五千年性の文化史』邱海濤著、納村公子訳、『ハーレムの女たち』澁澤幸子（以上、集英社）／『妖女抄　中国の美女と奇談』成瀬哲生、『平安朝女の生き方』服藤早苗（以上、小学館）／『知れば知るほど淫らな世界史』桐生操（祥伝社）／『イシスの娘』ジョイス・ティルディスレイ著、細川晶訳（新書館）／『フランス宮廷物語』、『マリー・アントワネットとヴェルサイユ』、『ヨーロッパ名家と令嬢物語』、『世界のプリンセス』、『世界魔性のヒロイン』、『中国４０００年歴代王朝秘史』、『日本史恋愛スキャンダル』、『美神ヴィーナスとギリシア・ローマの女たち』、『世界未解決事件』以上、別冊歴史読本（以上、新人物往来社）／『江戸の百女事典』橋本勝三郎、『大奥の奥』鈴木由紀子、『留学』遠藤周作（以上、新潮社）／『読んでみたい源氏物語』菊池規悦（西東社）／『愛された悪女と愛されない美女』藤水名子（青春出版社）／『平安時代後宮及び女司の研究』須田春子（千代田書房）／『女王・王妃歴代誌』ジョイス・ティルディスレイ著、吉村作治監修、月森左知訳（創元社）／『インドの歴史』バーバラ・D・メトカーフ、トーマス・R・メトカーフ著、河野肇訳（創土社）／『後宮の世界』堀江宏樹（竹書房）／『「悪女」はこうして生まれた』三宅孝太郎、『後宮異聞』渡辺一夫（以上、筑摩書房）／『悪女の物語』藤本ひとみ、『西太后　大清帝国最後の光芒』加藤徹、『宦官　側近政治の構造』三田村泰助（以上、中央公論新社）／『タージ・マハル物語』渡辺建夫、『朝日日本歴史人物事典』朝日新聞社編（以上、朝日新聞社）／『世界の悪女・妖女事典』中江克己（東京堂出版）／『女たちの中国』李家正文、『西洋人の見た十六〜十八世紀の中国女性』矢沢利彦（以上、東方書店）／『英国王室愛欲史話』森下賢一、『図説中国酷刑史』尾鷲卓彦、『宦官　中国四千年を操った異形の集団』顧蓉、葛金芳著、尾鷲卓彦訳（以上、徳間書店）／『知ってるつもり?!3　女帝伝説』（日本テレビ放送網）／『もっと知りたい源氏物語』大塚ひかり（日本実業出版社）／『タブーの世界残酷史』岡田英男（日本文芸社）／『ヨーロッパ中世を変えた女たち』福本秀子（日本放送出版協会）／『平安時代の後宮生活』横尾豊（柏書房）／『国を傾けた女たちの手くだ』森下賢一（白水社）／『世界悪女大全』桐生操、『世界性生活大全』桐生操（以上、文藝春秋）／『ペルシア王宮物語』タージ・アッサルタネ著、アッバース・アマーナト編、田隅恒生訳（平凡社）／『トプカプ宮殿の光と影』N・M・ペンザー著、岩永博訳、『ペルシアの情景』ガートルード・ロージアン・ベル著、田隅恒生訳、『ムガル帝国の興亡』アンドレ・クロー著、岩永博監訳、杉村裕史訳（以上、法政大学出版局）／『世界大惨事事典』スチュワート・フレクスナー、ドリス・フレクスナー著、山沢孝至ほか訳（北星堂書店）／『ハーレムの寵妃』橘外男（鱒書房）／『中国の後宮』大空不二男（竜渓書舎）／『ハーレム　ヴェールに隠された世界』アレヴ・リトル・クルーティエ著、篠原勝訳、『生活の世界歴史5インドの顔』辛島昇、奈良康明、『スキャンダル！世界史』早見正臣、『スキャンダル！日本史』武光誠、『中国歴代王朝秘史事典』王敏編（以上、河出書房新社）

KAWADE
夢文庫

王宮で起きたあまりに淫らで残酷すぎる話

二〇〇九年一一月一日　初版発行

著　者…………夢プロジェクト［編］
企画・編集……夢の設計社
東京都新宿区山吹町二六一〒162-0801
☎〇三―三二六七―七八五一（編集）
発行者…………若森繁男
発行所…………河出書房新社
東京都渋谷区千駄ヶ谷二―三二―二〒151-0051
☎〇三―三四〇四―一二〇一（営業）
http://www.kawade.co.jp/
装　幀…………川上成夫＋清水美和
印刷・製本……中央精版印刷株式会社
組　版…………イールプランニング
Printed in Japan ISBN978-4-309-49743-3
落丁本・乱丁本はおとりかえいたします。